中国文化文学经典文丛

# 易经

【商】姬　昌/著　边德明/编著　孙建军/主编

吉林文史出版社

图书在版编目（CIP）数据

易经 /（商）姬昌著；边德明编著．长春：吉林文史出版社，2016.12（2024.7重印）
（中国文化文学经典文丛 / 孙建军主编）
ISBN 978-7-5472-3024-4

Ⅰ．①易… Ⅱ．①姬… ②边… Ⅲ．①《周易》 Ⅳ．①B221.1

中国版本图书馆CIP数据核字(2016)第134651号

YIJING
书　　名：易 经

著　　者：姬　昌
主　　编：孙建军
编　　著：边德明
责任编辑：高冰若
封面设计：韩东坡
出版发行：吉林文史出版社
地　　址：长春市福祉大路5788号
邮　　编：130117
电　　话：0413-81629352
印　　刷：天津海德伟业印务有限公司
开　　本：920mm×1280mm　1/16
印　　张：22.25
字　　数：380千字
版　　次：2017年1月第1版　2024年7月第6次印刷
书　　号：ISBN 978-7-5472-3024-4

定　　价：45.00元

# 前　言

《易经》即《周易》，是传统经典之一，相传系周文王姬昌所作，内容包括《经》和《传》两个部分。《经》主要是六十四卦和三百八十四爻，卦和爻各有说明（卦辞、爻辞），作为占卜之用。《周易》没有提出阴阳与太极等概念，讲阴阳与太极的是被道家与阴阳家所影响的《易传》。《传》包含解释卦辞和爻辞的七种文辞共十篇，统称《十翼》。

《易经》是中国传统思想文化中自然哲学与人文实践的理论根源，是古代人民思想、智慧的结晶，被誉为“大道之源”。内容极其丰富，对中国几千年来的政治、经济、文化等各个领域都产生了深刻的影响。

中国历代图书分类是：经、史、子、集四大类，经列于首。《易经》为“六经”之首，自然也就是群书之首，即中国的第一部典籍，影响极大 。历代学术思想发展之契机亦多基于“易经”，两汉经学自不待言，魏晋“新道家”谈玄，亦将其列为“三玄”之一。若无《易经》之启发，“北宋五子”的学问几乎不能成立。

《易经》不仅对中国哲学发展产生重大影响，而且对各个学科的发展都发生了作用。

《易经》是中国本源传统文化的精髓，是中华民族智慧与文化的结晶，是中华文明的源头活水，是中国古代杰出的哲学巨著，历经千年的历史至今经久不衰，奠定了中华传统文化的重要价值取向。

# 目　录

## 上　经



## 下　经

## 部分文白对照

# 上经

# 乾

**【原文】**

乾：元，亨，利，贞。

初九，潜龙，勿用。

九二，见龙在田，利见大人。

九三，君子终日乾乾，夕惕若厉。无咎。

九四，或跃在渊，无咎。

九五，飞龙在天，利见大人。

上九，亢龙，有悔。

用九，见群龙无首，吉。

《彖》曰：大哉乾元，万物资始，乃统天。云行雨施，品物流形。大明终始，六位时成。时乘六龙以御天。乾道变化，各正性命。保合大和，乃利贞。首出庶物，万国咸宁。

《象》曰：天行健，君子以自强不息。

“潜龙勿用”，阳在下也。“见龙在田”，德施普也。“终日乾乾”，反复道也。“或跃在渊”，进无咎也。“飞龙在天”，大人造也。“亢龙有悔”，盈不可久也。“用九”，天德不可为首也。

《文言》曰：“元”者，善之长也；“亨者”，嘉之会也；“利”者，义之和也；“贞”者，事之干也。

君子体仁足以长人；嘉会足以合礼；利物足以和义；贞固足以干事。君子行此四德者，故曰“乾：元亨利贞”。

初九曰“潜龙勿用，”何谓也？

子曰：“龙，德而隐者也。不易乎世，不成乎名；遁世无闷，不见是而无闷。乐则行之，忧则违之，确乎其不可拔，‘潜龙’也。”

九二曰：“见龙在田，利见大人。”何谓也？

子曰：“龙德而正中者也。庸言之信，庸行之谨，闲邪存其诚，善世而不伐，德博而化。《易》曰：‘见龙在田，利见大人’，君德也。”

九三曰：“君子终日乾乾，夕惕若厉，无咎。”何谓也？

子曰：“君子进德修业。忠信，所以进德也。修辞立其诚，所以居业也。知至至之，可与几也。知终终之，可与存义也。是故居上位而不骄，在下位而不忧，故乾乾因其时而惕，虽危无咎矣。”

九四曰：“或跃在渊，无咎。”何谓也？

子曰：“上下无常，非为邪也。进退无恒，非离群也。君子进德修业，欲及时也，故无咎。”

九五曰：“飞龙在天，利见大人。”何谓也？

子曰：“同声相应，同气相求；水流湿，火就燥；云从龙，风从虎；圣人作而万物睹，本乎天者亲上，本乎地者亲下，则各从其类也。”

上九曰：“亢龙有悔。”何谓也？

子曰："贵而无位，高而无民，贤人在下而无辅，是以动而'有悔'也。"

"潜龙勿用"，下也。"见龙在田"，时舍也。"终日乾乾"，行事也。"或跃在渊"，自试也。"飞龙在天"，上治也。"亢龙有悔"，穷之灾也。乾元"用九"，天下治也。

"潜龙勿用"，阳气潜藏；"见龙在田"，天下文明；"终日乾乾，与时偕行；"或跃在渊"，乾道乃革；"飞龙在天"，乃位乎天德；"亢龙有悔"，与时偕极；《乾》元"用九"，乃是天则。

"《乾》元"者，始而亨者也。"利贞"者，性情也。《乾》始能以美利利天下，不言所利。大矣哉！大哉乾乎！刚健中正，纯粹精也。六爻发挥，旁通情也。"时乘六龙"，以"御天"也。"云行雨施"，天下平也。

君子以成德为行，日可见之行也。"潜"之为言也，隐而未见，行而未成，是以君子"弗用"也。

君子学以聚之，问以辩之，宽以居之，仁以行之。《易》曰："见龙在田，利见大人。"君德也。

九三重刚而不中，上不在天，下不在田。故乾乾因其时而惕，虽危无咎矣。

九四重刚而不中，上不在天，下不在田，中不在人，故"或"之。"或"之者，疑之也，故"无咎"。

夫“大人”者，与天地合其德，与日月合其明，与四时合其序，与鬼神合其吉凶，先天下而天弗违，后天而奉天时。天且弗违，而况於人乎？况於鬼神乎？

“亢”之为言也，知进而不知退，知存而不知亡，知得而不知丧。其唯圣人乎？知进退存亡而不失其正者，其为圣人乎？

## 坤

䷁

【原文】

坤：元，亨，利牝马之贞。君子有攸往，先迷；后得主，利。西南得朋，东北丧朋。安贞吉。

《彖》曰：至哉坤元，万物资生，乃顺承天。坤厚载物，德合无疆。含弘光大，品物咸亨。牝马地类，行地无疆，柔顺利贞。君子攸行，先迷失道，后顺得常。西南得朋，乃与类行。东北丧朋，乃终有庆。安贞之吉，应地无疆。

《象》曰：地势坤，君子以厚德载物。

初六，履霜，坚冰至。

《象》曰：履霜坚冰，阴始凝也。驯致其道，至坚冰也。

六二，直方大，不习，无不利。

《象》曰：六二之动，直以方也。“不习，无不利”，地道光也。

六三，含章，可贞，或从王事，无成有终。

《象》曰：“含章可贞”，以时发也。“或从王事”，知光大也。

六四，括囊，无咎无誉。

《象》曰：“括囊无咎”，慎不害也。

六五，黄裳，元吉。

《象》曰：“黄裳元吉”，文在中也。

上六，龙战于野，其血玄黄。

《象》曰：龙战于野，其道穷也。

用六，利永贞。

《象》曰：用六“永贞”，以大终也。

《文言》曰：坤至柔而动也刚，至静而德方，后得主而有常，含万物而化光。坤道其顺乎，承天而时行。

积善之家必有余庆，积不善之家必有余殃。臣弑其君，子弑其父，非一朝一夕之故，其所由来者渐矣，由辩之不早辩也。《易》曰“履霜，坚冰至”，盖言顺也。

“直”其正也，“方”其义也。君子敬以直内，义以方外，敬义立而德不孤。“直，方，大，不习无不利”，则不疑其所行也。

阴虽有美，含之以从王事，弗敢成也。地道也，妻道也，臣道也。地道无成而代有终也。

天地变化，草木蕃。天地闭，贤人隐。《易》曰：“括囊；无咎无誉。盖言谨也。

君子黄中通理，正位居体，美在其中，而畅于四支，发于事业，美之至也。

阴疑于阳必战。为其嫌于无阳也，故称“龙”焉。犹未离其类也，故称“血”焉。夫玄黄者，天地之杂也，天玄而地黄。

# 屯

【原文】

屯：元亨，利贞。勿用有攸往。利建侯。

《彖》曰：屯，刚柔始交而难生。动乎险中，大亨贞。雷雨之动满盈，天造草昧，宜建侯而不宁。

《象》曰：云雷，屯。君子以经纶。

初九，磐桓，利居贞，利建侯。

《象》曰：虽磐桓，志行正也。以贵下贱，大得民也。

六二，屯如邅如，乘马班如。匪寇婚媾，女子贞不字，十年乃字。

《象》曰：六二之难，乘刚也。十年乃字，反常也。

六三，即鹿无虞，惟入于林中，君子几不如舍，往吝。

《象》曰："即鹿无虞"，以纵禽也。君子舍之，往吝穷也。

六四，乘马班如，求婚媾，无不利。

《象》曰：求而往，明也。

九五，屯其膏，小，贞吉，大，贞凶。

《象》曰："屯其膏"，施未光也。

上六，乘马班如，泣血涟如。

《象》曰："泣血涟如"，何可长也。

# 蒙

【原文】

蒙：亨。匪我求童蒙，童蒙求我。初筮告，再三渎，渎则不告。利贞。

《彖》曰：蒙，山下有险，险而止，蒙。"蒙亨"，以亨行时中也。"匪我求童蒙，童蒙求我"，志应也。"初筮告"，以刚中也。"再三渎，渎则不告"，渎蒙也。蒙以养正，圣功也。

《象》曰：山下出泉，蒙。君子以果行育德。

初六：发蒙，利用刑人，用说桎梏，以往吝。

《象》曰："利用刑人"，以正法也。

九二：包蒙，吉。纳妇，吉。子克家。

《象》曰："子克家"，刚柔接也。

六三：勿用取女，见金夫，不有躬，无攸利。

《象》曰："勿用取女"，行不顺也。

六四：困蒙，吝。

《象》曰："困蒙之吝"，独远实也。

六五：童蒙，吉。

《象》曰："童蒙"之"吉"，顺以巽也。

上九：击蒙，不利为寇，利御寇。

《象》曰："利用御寇"，上下顺也。

【原文】

蒙：亨。匪我求童蒙，童蒙求我。初噬告，再三渎，渎则不告。利贞。

《彖》曰：蒙，山下有险，险而止，蒙。“蒙亨”，以亨行时中也。“匪我求童蒙，童蒙求我”，志应也。“初噬告”，以刚中也。“再三渎，渎则不告”，渎蒙也。蒙以养正，圣功也。

《象》曰：山下出泉，蒙。君子以果行育德。

初六，发蒙，利用刑人，用说桎梏，以往吝。

《象》曰：“利用刑人”，以正法也。

九二，包蒙，吉。纳妇，吉。子克家。

《象》曰：“子克家”，刚柔接也。

六三，勿用娶女；见金夫，不有躬，无攸利。

《象》曰：“勿用取女”，行不顺也。

六四，困蒙，吝。

《象》曰：“困蒙之吝”，独远实也。

六五，童蒙，吉。

《象》曰：“童蒙”之“吉”，顺以巽也。

上九，击蒙，不利为寇，利御寇。

《象》曰：“利用御寇”，上下顺也。

# 需

䷄

**【原文】**

需：有孚，光亨，贞吉。利涉大川。

《彖》曰：需，须也。险在前也。刚健而不陷，其义不困穷矣。“需，有孚，光亨，贞吉”,位乎天位，以正中也。“利涉大川”，往有功也。

《象》曰：云上于天，需。君子以饮食宴乐。

初九，需于郊。利用恒，无咎。

《象》曰：“需于郊”，不犯难行也。“利用恒无咎”，未失常也。

九二，需于沙，小有言，终吉。

《象》曰：“需于沙”，衍在中也。虽小有言，以终吉也。

九三，需于泥，致寇至。

《象》曰：“需于泥”，灾在外也。自我致寇，敬慎不败也。

六四，需于血，出自穴。

《象》曰：“需于血”，顺以听也。

九五，需于酒食，贞吉。

《象》曰：“酒食贞吉”，以中正也。

上六，入于穴，有不速之客三人来，敬之终吉。

《象》曰：“不速之客来，敬之终吉”，虽不当位，未大失也。

# 讼

䷅

【原文】

讼：有孚窒惕，中吉，终凶。利见大人，不利涉大川。

《彖》曰：讼，上刚下险，险而健，讼。“讼有孚窒惕，中吉，”刚来而得中也。“终凶”，讼不可成也。“利见大人”，尚中正也。“不利涉大川”，入于渊也。

《象》曰：天与水违行，讼。君子以作事谋始。

初六，不永所事，小有言，终吉。

《象》曰：“不永所事”，讼不可长也。虽“小有言”，其辩明也。

九二，不克讼，归而逋。其邑人三百户，无眚。

《象》曰：“不克讼”，归逋窜也。自下讼上，患至掇也。

六三，食旧德，贞厉，终吉，或从王事，无成。

《象》曰：“食旧德”，从上吉也。

九四，不克讼，复即命渝，安贞吉。

《象》曰：“复即命渝”，安贞不失也。

九五，讼，元吉。

《象》曰：“讼，元吉”，以中正也。

上九，或锡之鞶带，终朝三褫之。

《象》曰：以讼受服，亦不足敬也。

# 师

䷆

【原文】

师：贞丈人吉，无咎。

《彖》曰：师，众也，贞，正也。能以众正，可以王矣。刚中而应，行险而顺，以此毒天下，而民从之，吉又何咎矣。

《象》曰：地中有水，师。君子以容民畜众。

初六，师出以律，否臧凶。

《象》曰："师出以律"，失律凶也。

九二，在师中吉，无咎。王三锡命。

《象》曰："在师中吉"，承天宠也。"王三锡命"，怀万邦也。

六三，师或舆尸，凶。

《象》曰："师或舆尸"，大无功也。

六四，师左次，无咎。

《象》曰："左次无咎"，未失常也。

六五，田有禽，利执言，无咎。长子帅师，弟子舆尸，贞凶。

《象》曰："长子帅师"，以中行也。"弟子舆尸"，使不当也。

上六，大君有命，开国承家，小人勿用。

《象》曰："大君有命"，以正功也。"小人勿用"，必乱邦也。

# 比

**【原文】**

比：吉。原筮，元永贞，无咎。不宁方来，后夫凶。

《彖》曰：比，吉也，比，辅也，下顺从也。原筮，元永贞，无咎，以刚中也。不宁方来，上下应也。后夫凶，其道穷也。

《象》曰：地上有水，比。先王以建万国，亲诸侯。

初六，有孚比之，无咎。有孚盈缶，终来有它，吉。

《象》曰：比之初六，有它吉也。

六二，比之自内，贞吉。

《象》曰："比之自内"，不自失也。

六三，比之匪人。

《象》曰："比之匪人"，不亦伤乎？

六四，外比之，贞吉。

《象》曰：外比于贤，以从上也。

九五，显比，王用三驱，失前禽。邑人不诫，吉。

《象》曰："显比"之吉，位正中也。舍逆取顺，"失前禽"也。"邑人不诫"，上使中也。

上六，比之无首，凶。

《象》曰："比之无首"，无所终也。

# 小畜

【原文】

小畜：亨。密云不雨，自我西郊。

《彖》曰："小畜"，柔得位而上下应之，曰小畜。健而巽，刚中而志行，乃亨。"密云不雨"，尚往也。"自我西郊"，施未行也。

《象》曰：风行天上，"小畜"；君子以懿文德。

初九，复自道，何其咎？吉。

《象》曰："复自道"，其义"吉"也。

九二，牵复，吉。

《象》曰：牵复在中，亦不自失也。

九三，舆说輹。夫妻反目。

《象》曰："夫妻反目"，不能正室也。

六四，有孚，血去惕出，无咎。

《象》曰："有孚惕出"，上合志也。

九五，有孚挛如，富以其邻。

《象》曰："有孚挛如"，不独富也。

上九，既雨既处，尚德载。妇贞厉，月几望；君子征凶。

《象》曰："既雨既处"，德积载也。"君子征凶"，有所疑也。

# 履

【原文】

履：履虎尾，不咥人，亨。

《彖》曰："履"，柔履刚也。说而应乎乾，是以"履虎尾，不咥人"。亨，刚中正，履帝位而不疚，光明也。

《象》曰：上天下泽，"履"。君子以辨上下，安民志。

初九，素履往，无咎。

《象》曰："素履之往"，独行愿也。

九二，履道坦坦，幽人贞吉。

《象》曰："幽人贞吉"，中不自乱也。

六三，眇能视，跛能履，履虎尾，咥人，凶。武人为于大君。

《象》曰："眇能视"；不足以有明也。"跛能履"；不足以与行也。"咥人之凶"，位不当也。"武人为于大君",志刚也。

九四，履虎尾，愬愬，终吉。

《象》曰："愬愬终吉"，志行也。

九五，夬履，贞厉。

《象》曰："夬履贞厉"，位正当也。

上九，视履考祥，其旋元吉。

《象》曰：元吉在上，大有庆也。

# 泰

**【原文】**

泰：小往大来，吉，亨。

《彖》曰："泰，小往大来，吉，亨"。则是天地交而万物通也；上下交而其志同也。内阳而外阴，内健而外顺，内君子而外小人，君子道长，小人道消也。

《象》曰：天地交，泰，后以财成天地之道，辅相天地之宜，以左右民。

初九，拔茅茹，以其汇，征吉。

《象》曰："拔茅征吉"，志在外也。

九二，包荒，用冯河，不遐遗。朋亡，得尚于中行。

《象》曰："包荒，得尚于中行"，以光大也。

九三，无平不陂，无往不复。艰贞无咎。勿恤其孚，于食有福。

《象》曰："无往不复"，天地际也。

六四，翩翩，不富以其邻，不戒以孚。

《象》曰："翩翩不富"，皆失实也。"不戒以孚"，中心愿也。

六五，帝乙归妹，以祉元吉。

《象》曰："以祉元吉"，中以行愿也。

上六，城复于隍，勿用师，自邑告命。贞吝。

《象》曰："城复于隍"，其命乱也。

# 否

【原文】

否：否之匪人，不利君子贞，大往小来。

《彖》曰：“否之匪人，不利君子贞。大往小来”。则是天地不交，而万物不通也，上下不交而天下无邦也；内阴而外阳，内柔而外刚，内小人而外君子，小人道长，君子道消也。

《象》曰：天地不交，“否”；君子以俭德辟难，不可荣以禄。

初六，拔茅茹以其汇，贞吉，亨。

《象》曰：“拔茅贞吉”，志在君也。

六二，包承，小人吉，大人否。亨。

《象》曰：“大人否，亨”，不乱群也。

六三，包羞。

《象》曰：“包羞”，位不当也。

九四，有命无咎，畴离祉。

《象》曰：“有命无咎”，志行也。

九五，休否，大人吉。其亡其亡，系于苞桑。

《象》曰：大人之吉，位正当也。

上九，倾否，先否后喜。

《象》曰：否终则倾，何可长也。

# 同人

【原文】

同人于野，亨。利涉大川，利君子贞。

《彖》曰：同人，柔得位得中，而应乎乾，曰同人。曰："同人于野，亨。利涉大川"，乾行也。文明以健，中正而应，君子正也。唯君子为能通天下之志。

《象》曰：天与火，同人。君子以类族辨物。

初九，同人于门，无咎。

《象》曰："出门同人"，又谁咎也。

六二，同人于宗，吝。

《象》曰："同人于宗"，吝道也。

九三，伏戎于莽，升其高陵，三岁不兴。

《象》曰："伏戎于莽"，敌刚也。"三岁不兴"，安行也。

九四，乘其墉，弗克攻，吉。

《象》曰："乘其墉"，义弗克也，其"吉"，则困而反则也。

九五，同人先号啕咷而后笑。大师克，相遇。

《象》曰：同人之先，以中直也。大师相遇，言相克也。

上九，同人于郊，无悔。

《象》曰："同人于郊"，志未得也。

# 大有

【原文】

大有：元亨。

《彖》曰："大有"，柔得尊位大中，而上下应之，曰"大有"。其德刚健而文明，应乎天而时行，是以元亨。

《象》曰：火在天上，"大有"；君子以遏恶扬善，顺天休命。

初九，无交害，匪咎，艰则无咎。

《象》曰：《大有》初九，无交害也。

九二，大车以载，有攸往，无咎。

《象》曰："大车以载"，积中不败也。

九三，公用亨于天子，小人弗克。

《象》曰：公用亨于天子，小人害也。

九四，匪其尫，无咎。

《象》曰："匪其尫，无咎"。明辩晰也。

六五，厥孚交如，威如，吉。

《象》曰："厥孚交如"，信以发志也，"威如之吉"，易而无备也。

上九，自天祐之，吉，无不利。

《象》曰：《大有》上吉，自天佑也。

# 谦

**【原文】**

谦：亨，君子有终。

《彖》曰：谦，亨，天道下济而光明，地道卑而上行。天道亏盈而益谦，地道变盈而流谦，鬼神害盈而福谦，人道恶盈而好谦。谦，尊而光，卑而不可逾，君子之终也。

《象》曰：地中有山，谦。君子以裒多益寡，称物平施。

初六，谦谦君子，用涉大川，吉。

《象》曰："谦谦君子"，卑以自牧也。

六二，鸣谦，贞吉。

《象》曰："鸣谦贞吉"，中心得也。

九三，劳谦，君子有终，吉。

《象》曰："劳谦君子"，万民服也。

六四，无不利，扮谦。

《象》曰："无不利，扮谦"，不违则也。

六五，不富以其邻，利用侵伐，无不利。

《象》曰："利用侵伐"，征不服也。

上六，鸣谦，利用行师征邑国。

《象》曰："鸣谦"，志未得也。"可用行师"，征邑国也。

豫

【原文】

豫：利建侯行师。

《彖》曰：豫，刚应而志行，顺以动，豫，豫，顺以动，故天地如之，而况建侯行师乎？天地以顺动，故日月不过，而四时不忒。圣人以顺动，则刑罚清而民服。豫之时义大矣哉！

《象》曰：雷出地奋，豫。先王以作乐崇德，殷荐之上帝，以配祖考。

初六，鸣豫，凶。

《象》曰：“初六鸣豫”，志穷凶也。

六二，介于石，不终日，贞吉。

《象》曰：“不终日贞吉”，以中正也。

六三，盱豫，悔。迟有悔。

《象》曰：“盱豫有悔”，位不当也。

九四，由豫，大有得。勿疑。朋盍簪。

《象》曰：“由豫大有得”，志大行也。

六五，贞疾，恒不死。

《象》曰：“六五贞疾”，乘刚也。“恒不死”，中未亡也。

上六，冥豫，成有渝。无咎。

《象》曰：“冥豫”在上，何可长也？

# 随

**【原文】**

随：元亨，利贞，无咎。

《彖》曰：随，刚来而下柔，动而说，随。大亨贞无咎，而天下随时，随之时义大矣哉！

《象》曰：泽中有雷，随。君子以向晦入宴息。

初九，官有渝，贞吉。出门交有功。

《象》曰："官有渝"，从正吉也。"出门交有功"，不失也。

六二，系小子，失丈夫。

《象》曰："系小子"，弗兼与也。

六三，系丈夫，失小子。随有求得。利居贞。

《象》曰："系丈夫"，志舍下也。

九四，随有获，贞凶。有孚在道，以明，何咎？

《象》曰："随有获"，其义凶也。"有孚在道"，明功也。

九五，孚于嘉，吉。

《象》曰："孚于嘉吉"，位正中也。

上六，拘系之，乃从维之。王用亨于西山。

《象》曰："拘系之"，上穷也。

# 蛊

**【原文】**

蛊：元亨。利涉大川，先甲三日，后甲三日。

《彖》曰：蛊，刚上而柔下，巽而止，蛊。蛊，元亨而天下治也。“利涉大川”，往有事也。“先甲三日，后甲三日”，终则有始，天行也。

《象》曰：山下有风，蛊。君子以振民育德。

初六，干父之蛊，有子，考无咎。厉，终吉。

《象》曰：“干父之蛊”，意承考也。

九二，干母之蛊，不可贞。

《象》曰：“干母之蛊”，得中道也。

九三，干父之蛊，小有悔，无大咎。

《象》曰：“干父之蛊”，终无咎也。

六四，裕父之蛊，往见吝。

《象》曰：“裕父之蛊”，往未得也。

六五，干父之蛊，用誉。

《象》曰：“干父之誉”，承以德也。

上九，不事王侯，高尚其事。

《象》曰：“不事王侯”，志可则也。

# 临

**【原文】**

临：元亨，利贞。至于八月有凶。

《彖》曰：临，刚浸而长。说而顺，刚中而应，大亨以正，天之道也。“至于八月有凶”，消不久也。

《象》曰：泽上有地，临。君子以教思无穷，容保民无疆。

初九：咸临，贞吉。

《象》曰：“咸临贞吉”，志行正也。

九二，咸临，吉，无不利。

《象》曰：“咸临吉无不利”，未顺命也。

六三，甘临，无攸利；既忧之，无咎。

《象》曰：“甘临”，位不当也。“既忧之”，咎不长也。

六四，至临，无咎。

《象》曰：“至临无咎”，位当也。

六五，知临，大君之宜，吉。

《象》曰：“大君之宜”，行中之谓也。

上六，敦临，吉，无咎。

《象》曰：“敦临之吉”，志在内也。

# 观

䷓

**【原文】**

观：盥而不荐。有孚颙若。

《彖》曰：大观在上，顺而巽，中正以观天下。观。“盥而不荐，有孚颙若”，下观而化也。观天之神道，而四时不忒，圣人以神道设教，而天下服矣。

《象》曰：风行地上，观；先王以省方观民设教。

初六，童观，小人无咎，君子吝。

《象》曰：“初六童观”，“小人”道也。

六二，窥观，利女贞。

《象》曰：“窥观女贞”，亦可丑也。

六三，观我生，进退。

《象》曰：“观我生进退”，未失道也。

六四，观国之光，利用宾于王。

《象》曰：“观国之光”，尚宾也。

九五，观我生，君子无咎。

《象》曰：“观我生”，观民也。

上九，观其生，君子无咎。

《象》曰：“观其生”，志未平也。

# 噬嗑

䷔

【原文】

噬嗑：亨。利用狱。

《彖》曰：颐中有物曰噬嗑，噬嗑而亨，刚柔分，动而明，雷电合而章。柔得中而上行，虽不当位，利用狱也。

《象》曰：雷电，噬嗑。先王以明罚敕法。

初九，屦校灭趾，无咎。

《象》曰："屦校灭趾"，不行也。

六二，噬肤灭鼻，无咎。

《象》曰："噬肤灭鼻"，乘刚也。

六三，噬腊肉遇毒，小吝，无咎。

《象》曰："遇毒"，位不当也。

九四，噬干胏，得金矢。利艰贞，吉。

《象》曰："利艰贞吉"，未光也。

六五，噬乾肉得黄金。贞厉，无咎。

《象》曰："贞厉无咎"，得当也。

上九，何校灭耳，凶。

《象》曰："何校灭耳"，聪不明也。

# 贲

䷕

【原文】

贲：亨。小利有攸往。

《彖》曰：贲亨，柔来而文刚，故亨。分刚上而文柔，故小利有攸往。刚柔交错，天文也。文明以止，人文也。观乎天文，以察时变；观乎人文，以化成天下。

《象》曰：山下有火，贲。君子以明庶政，无敢折狱。

初九，贲其趾，舍车而徒。

《象》曰："舍车而徒"，义弗乘也。

六二，贲其须。

《象》曰："贲其须"，与上兴也。

九三，贲如，濡如，永贞吉。

《象》曰："永贞之吉"，终莫之陵也。

六四，贲如皤如，白马翰如。匪寇，婚媾。

《象》曰：六四，当位疑也。"匪寇婚媾"，终无尤也。

六五，贲于丘园，束帛戋戋，吝，终吉。

《象》曰：六五之吉，有喜也。

上九，白贲，无咎。

《象》曰："白贲无咎"，上得志也。

# 剥

**【原文】**

剥：不利有攸往。

《彖》曰：剥，剥也。柔变刚也。“不利有攸往”，小人长也。顺而止之，观象也。君子尚消息盈虚，天行也。

《象》曰：山附地上，剥。上以厚下安宅。

初六，剥床以足，蔑，贞凶。

《象》曰：“剥床以足”，以灭下也。

六二，剥床以辨，蔑，贞凶。

《象》曰：“剥床以辨”，未有与也。

六三，剥之，无咎。

《象》曰：“剥之无咎”，失上下也。

六四，剥床以肤，凶。

《象》曰：“剥床以肤”，切近灾也。

六五，贯鱼以宫人宠，无不利。

《象》曰：“以宫人宠”，终无尤也。

上九，硕果不食，君子得舆，小人剥庐。

《象》曰：“君子得舆”，民所载也。“小人剥庐”，终不可用也。

# 复

【原文】

复：亨。出入无疾。朋来无咎。反覆其道，七日来复，利有攸往。

《彖》曰：“复，亨”；刚反，动而以顺行。是以“出入无疾，朋来无咎”。“反覆其道，七日来复”，天行也。“利有攸往”，刚长也。复其见天地之心乎。

《象》曰：雷在地中，复。先王以至日闭关，商旅不行，后不省方。

初九，不远复，无祇悔，元吉。

《象》曰：“不远之复”，以修身也。

六二，休复，吉。

《象》曰：“休复之吉”，以下仁也。

六三，频复，厉，无咎。

《象》曰：“频复之厉”，义无咎也。

六四，中行独复。

《象》曰：“中行独复”，以从道也。

六五，敦复，无悔。

《象》曰：“敦复无悔”，中以自考也。

上六，迷复，凶，有灾眚。用行师，终有大败，以其国，君凶，至于十年不克征。

《象》曰：“迷复之凶”，反君道也。

# 无妄

【原文】

无妄：元亨，利贞。其匪正有眚，不利有攸往。

《彖》曰：无妄，刚自外来而为主于内。动而健，刚中而应。大亨以正，天之命也。“其匪正有眚，不利有攸往”，无妄之往何之矣？天命不祐，行矣哉！

《象》曰：天下雷行，物与无妄。先王以茂对时育万物。

初九，无妄往，吉。

《象》曰：“无妄之往”，得志也。

六二，不耕获，不菑畬，则利有攸往。

《象》曰：“不耕获”，未富也。

六三，无妄之灾，或系之牛，行人之得，邑人之灾。

《象》曰：行人得牛，邑人灾也。

九四，可贞，无咎。

《象》曰：“可贞无咎”，固有之也。

九五，无妄之疾，勿药有喜。

《象》曰：“无妄之药”，不可试也。

上九，无妄行，有眚，无攸利。

《象》曰：“无妄之行”，穷之灾也。

# 大畜

【原文】

大畜：利贞；不家食，吉；利涉大川。

《彖》曰：大畜，刚健笃实，辉光日新。其德刚上而尚贤，能健止，大正也。“不家食吉”，养贤也。“利涉大川”，应乎天也。

《象》曰：天在山中，大畜。君子以多识前言往行，以畜其德。

初九，有厉，利已。

《象》曰：“有厉利已”，不犯灾也。

九二，舆说輹。

《象》曰：“舆说輹”，中无尤也。

九三，良马逐，利艰贞；曰闲舆卫，利有攸往。

《象》曰：“利有攸往”，上合志也。

六四，童豕之牿，元吉。

《象》曰：“六四元吉”，有喜也。

六五，豮豕之牙，吉。

《象》曰：“六五之吉”，有庆也。

上九，何天之衢，亨。

《象》曰：“何天之衢”，道大行也。

# 颐

䷚

【原文】

颐：贞吉。观颐，自求口实。

《彖》曰：颐，贞吉，养正则吉也。观颐，观其所养也；自求口实，观其自养也。天地养万物，圣人养贤以及万民，颐之时大矣哉！

《象》曰：山下有雷，颐。君子以慎言语，节饮食。

初九，舍尔灵龟，观我朵颐，凶。

《象》曰："观我朵颐"，亦不足贵也。

六二，颠颐，拂经于丘颐，征凶。

《象》曰："六二征凶"，行失类也。

六三，拂颐，贞凶；十年勿用，无攸利。

《象》曰："十年勿用"，道大悖也。

六四，颠颐，吉，虎视眈眈，其欲逐逐，无咎。

《象》曰："颠颐之吉"，上施光也。

六五，拂经，居贞吉；不可涉大川。

《象》曰："居贞之吉"，顺以从上也。

上九，由颐，厉吉，利涉大川。

《象》曰："由颐厉吉"，大有庆也。

# 大过

**【原文】**

大过：栋桡；利有攸往，亨。

《彖》曰："大过"，大者过也。"栋桡"，本末弱也。刚过而中，巽而说行。利有攸往，乃亨。"大过"之时大矣哉！

《象》曰：泽灭木，大过。君子以独立不惧，遁世无闷。

初六，藉用白茅，无咎。

《象》曰："藉用白茅"，柔在下也。

九二，枯杨生稊，老夫得其女妻，无不利。

《象》曰："老夫女妻"，过以相与也。

九三，栋桡，凶。

《象》曰："栋桡"之"凶"，不可以有辅也。

九四，栋隆，吉；有它，吝。

《象》曰："栋隆之吉"，不桡乎下也。

九五，枯杨生华，老妇得士夫，无咎无誉。

《象》曰："枯杨生华"，何可久也？"老妇士夫"，亦可丑也。

上六，过涉灭顶，凶，无咎。

《象》曰："过涉之凶"，不可咎也。

## 坎

【原文】

坎：习坎：有孚维心，亨。行有尚。

《彖》曰：“习坎”，重险也。水流而不盈，行险而不失其信。“维心，亨”，乃以刚中也。“行有尚”，往有功也。天险不可升也；地险山川丘陵也。王公设险以守其国，坎之时用大矣哉！

《象》曰：水洊至，习坎。君子以常德行，习教事。

初六，习坎，入于坎窞，凶。

《象》曰：“习坎入坎”，失道凶也。

九二，坎有险，求小得。

《象》曰：“求小得”，未出中也。

六三，来之坎坎，险且枕，入于坎窞，勿用。

《象》曰：“来之坎坎”，终无功也。

六四，樽酒，簋贰，用缶，纳约自牖，终无咎。

《象》曰：“樽酒簋贰”，刚柔际也。

九五，坎不盈，祇既平，无咎。

《象》曰：“坎不盈”，中未大也。

上六，系用徽纆，置于丛棘，三岁不得，凶。

《象》曰：上六失道，凶三岁也。

# 离

**【原文】**

离：利贞，亨。畜牝牛吉。

《彖》曰：离，丽也。日月丽乎天，百谷草木丽乎土。重明以丽乎正，乃化成天下。柔丽乎中正，故“亨”；是以“畜牝牛吉”也。

《象》曰：明两作，离。大人以继明照于四方。

初九，履错然，敬之，无咎。

《象》曰：“履错之敬”，以辟咎也。

六二，黄离，元吉。

《象》曰：“黄离元吉”，得中道也。

九三，日昃之离，不鼓缶而歌，则大耋之嗟，凶。

《象》曰：“日昃之离”，何可久也。

九四，突如其来如，焚如，死如，弃如。

《象》曰：“突如其来如”，无所容也。

六五，出涕沱若，戚嗟若，吉。

《象》曰：六五之吉，离王公也。

上九，王用出征，有嘉折首，获匪其丑，无咎。

《象》曰：“王用出征”，以正邦也。

# 下　经

## 咸

【原文】

咸：亨。利贞。取女吉。

《彖》曰：咸，感也。柔上而刚下，二气感应以相与。止而说，男下女，是以“亨利贞，取女吉”也。天地感而万物化生，圣人感人心而天下和平。观其所感，而天地万物之情可见矣。

《象》曰：山上有泽，咸。君子以虚受人。

初六，咸其拇。

《象》曰：“咸其拇”，志在外也。

六二，咸其腓，凶，居吉。

《象》曰虽“凶居吉”，顺不害也。

九三，咸其股，执其随，往吝。

《象》曰：“咸其股”，亦不处也。志在随人，所执下也。

九四，贞吉，悔亡，憧憧往来，朋从尔思。

《象》曰：“贞吉悔亡”，未感害也。“憧憧往来”，未光大也。

九五，咸其脢，无悔。

《象》曰：“咸其脢”，志末也。

上六，咸其辅颊舌。

《象》曰：“咸其辅颊舌”，滕口说也。

# 恒

【原文】

恒：亨，无咎，利贞，利有攸往。

《彖》曰：恒，久也。刚上而柔下，雷风相与，巽而动，刚柔皆应，恒。“恒亨无咎利贞”；久于其道也。天地之道，恒久而不已也。“利有攸往”，终则有始也。日月得天而能久照，四时变化而能久成，圣人久于其道而天下化成。观其所恒，而天地万物之情可见矣。

《象》曰：雷风，恒。君子以立不易方。

初六，浚恒，贞凶，无攸利。

《象》曰：“浚恒”之“凶”，始求深也。

九二，悔亡。

《象》曰：九二“悔亡”，能久中也。

九三，不恒其德，或承之羞，贞吝。

《象》曰：“不恒其德”，无所容也。

九四，田无禽。

《象》曰：久非其位，安得禽也?

六五，恒其德，贞，妇人吉，夫子凶。

《象》曰：妇人贞吉，从一而终也。夫子制义，从妇凶也。

上六，振恒，凶。

《象》曰：振恒在上，大无功也。

# 遁

䷠

【原文】

遁：亨，小利贞。

《彖》曰："遁亨"，遁而亨也。刚当位而应，与时行也。"小利贞"，浸而长也。遁之时义大矣哉!

《象》曰：天下有山，遁；君子以远小人，不恶而严。

初六，遁尾，厉，勿用有攸往。

《象》曰："遁尾"之"厉"，不往何灾也?

六二，执之用黄牛之革，莫之胜说。

《象》曰："执用黄牛"，固志也。

九三，系遁，有疾厉，畜臣妾吉。

《象》曰："系遁"之"厉"，有疾惫也。"畜臣妾吉"，不可大事也。

九四，好遁，君子吉，小人否。

《象》曰：君子好遁，小人否也。

九五，嘉遁，贞吉。

《象》曰："嘉遁贞吉"，以正志也。

上九，肥遁，无不利。

《象》曰："肥遁无不利"；无所疑也。

# 大壮

【原文】

大壮：利贞。

《彖》曰：大壮，大者壮也。刚以动，故壮。“大壮利贞”，大者正也。正大而天地之情可见矣！

《象》曰：雷在天上，大壮；君子以非礼勿履。

初九，壮于趾，征凶，有孚。

《象》曰：“壮于趾”，其孚穷也。

九二，贞吉。

《象》曰：九二“贞吉”，以中也。

九三，小人用壮，君子用罔，贞厉。羝羊触藩，羸其角。

《象》曰：“小人用壮”，君子罔也。

九四，贞吉，悔亡，藩决不羸，壮于大舆之輹。

《象》曰：“藩决不羸”，尚往也。

六五，丧羊于易，无悔。

《象》曰：“丧羊于易”，位不当也。

上六，羝羊触藩，不能退，不能遂，无攸利，艰则吉。

《象》曰：“不能退，不能遂”，不祥也。“艰则吉”，咎不长也。

# 晋

【原文】

晋：康侯用锡马蕃庶，昼日三接。

《彖》曰：晋，进也。明出地上，顺而丽乎大明，柔进而上行。是以“康侯用锡马蕃庶，昼日三接”也。

《象》曰：明出地上，《晋》；君子以自昭明德。

初六，晋如摧如，贞吉。罔孚，裕无咎。

《象》曰：“晋如摧如”；独行正也；“裕无咎”，未受命也。

六二，晋如愁如，贞吉。受兹介福，于其王母。

《象》曰：“受兹介福”，以中正也。

六三，众允，悔亡。

《象》曰：“众允”之志，上行也。

九四，晋如鼫鼠，贞厉。

《象》曰：“鼫鼠贞厉”，位不当也。

六五，悔亡，失得勿恤；往吉，无不利。

《象》曰：“失得勿恤”，往有庆也。

上九，晋其角，维用伐邑，厉吉，无咎，贞吝。

《象》曰：“维用伐邑”，道未光也。

# 明夷

䷣

**【原文】**

明夷：利艰贞。

《彖》曰：明入地中，“明夷”。内文明而外柔顺，以蒙大难，文王以之。“利艰贞”，晦其明也，内难而能正其志，箕子以之。

《象》曰：明入地中，“明夷”。君子以莅众，用晦而明。

初九，明夷于飞，垂其翼。君子于行，三日不食，有攸往，主人有言。

《象》曰：“君子于行”，义不食也。

六二，明夷，夷于左股，用拯马壮，吉。

《象》曰：六二之吉，顺以则也。

九三，明夷于南狩，得其大首，不可疾贞。

《象》曰：“南狩”之志，乃得大也。

六四，入于左腹，获明夷之心，于出门庭。

《象》曰：“入于左腹”，获心意也。

六五，箕子之明夷，利贞。

《象》曰：箕子之贞，明不可息也。

上六，不明晦，初登于天，后入于地。

《象》曰：“初登于天”，照四国也；“后入于地”，失则也。

# 家人

【原文】

家人：利女贞。

《彖》曰：家人，女正位乎内，男正位乎外；男女正，天地之大义也。家人有严君焉，父母之谓也。父父，子子，兄兄，弟弟，夫夫，妇妇，而家道正；正家而天下定矣。

《象》曰：风自火出，家人。君子以言有物而行有恒。

初九，闲有家，悔亡。

《象》曰："闲有家"，志未变也。

六二，无攸遂，在中馈，贞吉。

《象》曰：六二之吉，顺以巽也。

九三，家人嗃嗃，悔厉吉；妇子嘻嘻，终吝。

《象》曰："家人嗃嗃"，未失也；"妇子嘻嘻"，失家节也。

六四：富家，大吉。

《象》曰："富家大吉"，顺在位也。

九五，王假有家，勿恤，吉。

《象》曰："王假有家"，交相爱也。

上九，有孚威如，终吉。

《象》曰：威如之吉，反身之谓也。

## 睽

【原文】

睽：小事吉。

《彖》曰：睽，火动而上，泽动而下。二女同居，其志不同行；说而丽乎明，柔进而上行，得中而应乎刚，是以小事吉。天地睽而其事同也。男女睽而其志通也。万物睽而其事类也，睽之时用大矣哉！

《象》曰：上火下泽，睽。君子以同而异。

初九，悔亡。丧马，勿逐自复。见恶人，无咎。

《象》曰："见恶人"，以辟咎也。

九二，遇主于巷，无咎。

《象》曰："遇主于巷"，未失道也。

六三：见舆曳，其牛掣，其人天且劓，无初有终。

《象》曰："见舆曳"，位不当也；"无初有终"，遇刚也。

九四：睽孤，遇元夫，交孚，厉无咎。

《象》曰："交孚无咎"，志行也。

六五，悔亡。厥宗噬肤，往何咎？

《象》曰："厥宗噬肤"，往有庆也。

上九，睽孤，见豕负涂，载鬼一车，先张之弧，后说之弧；匪寇，婚媾；往遇雨则吉。

《象》曰："遇雨之吉"，群疑亡也。

# 蹇

【原文】

蹇：利西南，不利东北；利见大人，贞吉。

《彖》曰：蹇，难也，险在前也。见险而能止，知矣哉！蹇，“利西南”，往得中也；“不利东北”，其道穷也；“利见大人”，往有功也；当位“贞吉”，以正邦也；蹇之时用大矣哉！

《象》曰：山上有水，蹇。君子以反身修德。

初六，往蹇，来誉。

《象》曰：“往蹇来誉”，宜待也。

六二，王臣蹇蹇，匪躬之故。

《象》曰：“王臣蹇蹇”，终无尤也。

九三，往蹇，来反。

《象》曰：“往蹇来反”，内喜之也。

六四，往蹇，来连。

《象》曰：“往蹇来连”，当位实也。

九五，大蹇，朋来。

《象》曰：“大蹇朋来”，以中节也。

上六，往蹇，来硕，吉，利见大人。

《象》曰：“往蹇来硕”，志在内也；“利见大人”，以从贵也。

# 解

【原文】

解：利西南；无所往，其来复吉；有攸往，夙吉。

《彖》曰：解，险以动，动而免乎险，解。“解，利西南”，往得众也。“其来复吉”，乃得中也。“有攸往夙吉”，往有功也。天地解而雷雨作，雷雨作而百果草木皆甲坼。解之时义大矣哉！

《象》曰：雷雨作，解。君子以赦过宥罪。

初六，无咎。

《象》曰：刚柔之际，义无咎也。

九二，田获三狐，得黄矢，贞吉。

《象》曰：九二贞吉，得中道也。

六三，负且乘，致寇至，贞吝。

《象》曰：“负且乘”，亦可丑也；自我致戎，又谁咎也？

九四，解而拇，朋至斯孚。

《象》曰：“解而拇”，未当位也。

六五，君子维有解，吉，有孚于小人。

《象》曰：君子有解，小人退也。

上六，公用射隼于高墉之上，获之，无不利。

《象》曰：“公用射隼”，以解悖也。

# 损

**【原文】**

损：有孚，元吉，无咎，可贞，利有攸往。

曷之用？二簋可用享。

《彖》曰：损，损下益上，其道上行。损而有孚，元吉，无咎，可贞，利有攸往。曷之用？二簋可用享；二簋应有时。损刚益柔有时，损益盈虚，与时偕行。

《象》曰：山下有泽，损。君子以惩忿窒欲。

初九，已事遄往，无咎，酌损之。

《象》曰：已事遄往，尚合志也。

九二，利贞，征凶，弗损益之。

《象》曰：九二利贞，中以为志也。

六三，三人行，则损一人，一人行，则得其友。

《象》曰：一人行，三则疑也。

六四，损其疾，使遄有喜，无咎。

《象》曰："损其疾"，亦可喜也。

六五，或益之十朋之龟弗克违，元吉。

《象》曰：六五元吉，自上佑也。

上九，弗损益之，无咎，贞吉，利有攸往，得臣无家。

《象》曰："弗损益之"，大得志也。

益

【原文】

益：利有攸往。利涉大川。

《彖》曰："益"，损上益下，民说无疆；自上下下，其道大光；"利有攸往"，中正有庆；"利涉大川"，木道乃行；益动而巽，日进无疆；天施地生，其益无方。凡益之道，与时偕行。

《象》曰：风雷，益；君子以见善则迁，有过则改。

初九，利用为大作，元吉，无咎。

《象》曰："元吉无咎"，下不厚事也。

六二，或益之十朋之龟，弗克违，永贞吉。王用享于帝，吉。

《象》曰："或益之"，自外来也。

六三，益之用凶事，无咎。有孚中行，告公用圭。

《象》曰："益用凶事"，固有之也。

六四，中行，告公从，利用为依迁国。

《象》曰："告公从"，以益志也。

九五，有孚惠心，勿问元吉。有孚惠我德。

《象》曰："有孚惠心"，勿问之矣；"惠我德"，大得志也。

上九，莫益之，或击之，立心勿恒，凶。

《象》曰："莫益之"，偏辞也；"或击之"，自外来也。

# 夬

䷪

**【原文】**

夬：扬于王庭，孚号有厉，告自邑，不利即戎，利有攸往。

《彖》曰：“夬，决也，刚决柔也。健而说，决而和；“扬于王庭”，柔乘五刚也；“孚号有厉”，其危乃光也；“告自邑，不利即戎”，所尚乃穷也；“利有攸往”，刚长乃终也。

《象》曰：泽上于天，夬。君子以施禄及下，居德则忌。

初九，壮于前趾，往不胜为咎。

《象》曰：不胜而往，咎也。

九二，惕号，莫夜有戎，勿恤。

《象》曰：“有戎勿恤”，得中道也。

九三，壮于頄，有凶。君子夬夬独行，遇雨若濡，有愠无咎。

《象》曰：“君子夬夬”，终无咎也。

九四，臀无肤，其行次且；牵羊悔亡，闻言不信。

《象》曰：“其行次且”，位不当也；“闻言不信”，聪不明也。

九五，苋陆夬夬中行，无咎。

《象》曰：“中行无咎”，中未光也。

上六，无号，终有凶。

《象》曰：“无号之凶”，终不可长也。

# 姤

【原文】

姤：女壮，勿用取女。

《彖》曰：姤，遇也，柔遇刚也。“勿用取女”，不可与长也。天地相遇，品物咸章也。刚遇中正，天下大行也。姤之时义大矣哉！

《象》曰：天下有风，姤。后以施命诰四方。

初六，系于金柅，贞吉。有攸往，见凶，羸豕蹢躅。

《象》曰：“系于金柅”，柔道牵也。

九二，包有鱼，无咎，不利宾。

《象》曰：“包有鱼”，义不及宾也。

九三，臀无肤，其行次且，厉，无大咎。

《象》曰：“其行次且”，行未牵也。

九四，包无鱼，起凶。

《象》曰：“无鱼之凶”，远民也。

九五，以杞包瓜，含章，有陨自天。

《象》曰：九五含章，中正也；有陨自天，志不舍命也。

上九，姤其角，吝，无咎。

《象》曰：“姤其角”，上穷吝也。

# 萃

**【原文】**

萃：亨，王假有庙，利见大人，亨利贞。用大牲吉，利有攸往。

《彖》曰："萃"，聚也。顺以说，刚中而应，故聚也；"王假有庙"，致孝享也；"利见大人亨"，聚以正也。"用大牲吉，利有攸往"，顺天命也；观其所聚，而天地万物之情可见矣。

《象》曰：泽上于地，萃。君子以除戎器，戒不虞。

初六，有孚不终，乃乱乃萃，若号，一握为笑，勿恤，往无咎。

《象》曰："乃乱乃萃"，其志乱也。

六二，引吉，无咎，孚乃利用禴。

《象》曰："引吉无咎"，中未变也。

六三，萃如嗟如，无攸利，往无咎，小吝。

《象》曰："往无咎"，上巽也。

九四，大吉，无咎。

《象》曰："大吉无咎"，位不当也。

九五，萃有位，无咎，匪孚。元永贞，悔亡。

《象》曰："萃有位"，志未光也。

上六，赍咨涕洟，无咎。

《象》曰："赍咨涕洟"，未安上也。

## 升

【原文】

升：元亨，用见大人，勿恤，南征吉。

《彖》曰：柔以时升，巽而顺，刚中而应，是以大亨，“用见大人勿恤”，有庆也。“南征吉”，志行也。

《象》曰：地中生木，升。君子以顺德，积小以高大。

初六，允升，大吉。

《象》曰：“允升大吉”，上合志也。

九二，孚乃利用禴，无咎。

《象》曰：九二之孚，有喜也。

九三，升虚邑。

《象》曰：“升虚邑”，无所疑也。

六四，王用亨于岐山，吉，无咎。

《象》曰：“王用亨于岐山”，顺事也。

六五，贞吉，升阶。

《象》曰：“贞吉升阶”，大得志也。

上六，冥升，利于不息之贞。

《象》曰：冥升在上，消不富也。

# 困

【原文】

困：亨。贞大人吉，无咎。有言不信。

《彖》曰："困"，刚掩也。险以说，困而不失其所亨，其唯君子乎！"贞大人吉"，以刚中也；"有言不信"，尚口乃穷也。

《象》曰：泽无水，困。君子以致命遂志。

初六，臀困于株木，入于幽谷，三岁不觌。

《象》曰："入于幽谷"，幽不明也。

九二，困于酒食，朱绂方来，利用亨祀。征凶，无咎。

《象》曰："困于酒食"，中有庆也。

六三，困于石，据于蒺藜，入于其宫，不见其妻，凶。

《象》曰："据于蒺藜"，乘刚也。"入于其宫，不见其妻"，不祥也。

九四，来徐徐，困于金车，吝，有终。

《象》曰："来徐徐"，志在下也。虽不当位，有与也。

九五，劓刖，困于赤绂，乃徐有说，利用祭祀。

《象》曰："劓刖"，志未得也；"乃徐有说"，以中直也；"利用祭祀"，受福也。

上六，困于葛藟；于臲卼，曰动悔有悔，征吉。

《象》曰："困于葛藟"，未当也；"动悔有悔"，吉行也。

# 井

【原文】

井：改邑不改井，无丧无得，往来井井。汔至，亦未繘井，羸其瓶，凶。

《彖》曰：巽乎水而上水，井。井养而不穷也。“改邑不改井”，乃以刚中也；“汔至，亦未繘井”，未有功也；“羸其瓶”，是以凶也。

《象》曰：木上有水，井。君子以劳民劝相。

初六，井泥不食，旧井无禽。

《象》曰：“井泥不食”，下也；“旧井无禽”，时舍也。

九二，井谷射鲋，瓮敝漏。

《象》曰：“井谷射鲋”，无与也。

九三，井渫不食，为我心恻，可用汲，王明并受其福。

《象》曰：“井渫不食”，行恻也；求“王明”，受福也。

六四，井甃，无咎。

《象》曰：“井甃无咎”，修井也。

九五，井洌，寒泉食。

《象》曰：“寒泉之食”，中正也。

上六，井收勿幕，有孚元吉。

《象》曰：“元吉”在上，大成也。

## 革

【原文】

革：己日乃孚，元亨，利贞，悔亡。

《彖》曰：革，水火相息，二女同居，其志不相得曰革。“己日乃孚”，革而信也。文明以说，大亨以正。革而当，其悔乃亡。天地革而四时成，汤武革命，顺乎天而应乎人。革之时大矣哉！

《象》曰：泽中有火，革。君子以治历明时。

初九，巩用黄牛之革。

《象》曰：“巩用黄牛”，不可以有为也。

六二，己日乃革之，征吉，无咎。

《象》曰：“己日革之”，行有嘉也。

九三，征凶，贞厉，革言三就，有孚。

《象》曰：“革言三就”，又何之矣。

九四，悔亡，有孚改命，吉。

《象》曰：“改命之吉”，信志也。

九五，大人虎变，未占有孚。

《象》曰：“大人虎变”，其文炳也。

上六，君子豹变，小人革面，征凶，居贞吉。

《象》曰：“君子豹变”，其文蔚也；“小人革面”，顺以从君也。

## 鼎

【原文】

鼎：元吉，亨。

《彖》曰：鼎，象也。以木巽火，亨饪也。圣人亨以享上帝，而大亨以养圣贤。巽而耳目聪明，柔进而上行，得中而应乎刚，是以元亨。

《象》曰：木上有火，鼎。君子以正位凝命。

初六，鼎颠趾，利出否，得妾以其子，无咎。

《象》曰："鼎颠趾"，未悖也。"利出否"，以从贵也。

九二，鼎有实，我仇有疾，不我能即，吉。

《象》曰："鼎有实"，慎所之也。"我仇有疾"，终无尤也。

九三，鼎耳革，其行塞，雉膏不食，方雨，亏悔，终吉。

《象》曰："鼎耳革"，失其义也。

九四，鼎折足，覆公𫗧，其形渥，凶。

《象》曰："覆公𫗧"，信如何也。

六五，鼎黄耳金铉，利贞。

《象》曰："鼎黄耳"，中以为实也。

上九，鼎玉铉，大吉，无不利。

《象》曰：玉铉在上，刚柔节也。

# 震

**【原文】**

震：亨。震来虩虩，笑言哑哑。震惊百里，不丧匕鬯。

《彖》曰：震，亨。“震来虩虩”，恐致福也；“笑言哑哑”，后有则也；“震惊百里”，惊远而惧迩也；“不丧匕鬯”出可以守宗庙社稷，以为祭主也。

《象》曰：洊雷，震。君子以恐惧修省。

初九，震来虩虩，后笑言哑哑，吉。

《象》曰：“震来虩虩”，恐致福也；“笑言哑哑”，后有则也。

六二，震来厉，亿丧贝，跻于九陵，勿逐，七日得。

《象》曰：“震来厉”，乘刚也。

六三，震苏苏，震行无眚。

《象》曰：“震苏苏”，位不当也。

九四，震遂泥。

《象》曰：“震遂泥”，未光也。

六五，震往来，厉，亿无丧，有事。

《象》曰：“震往来，厉”，危行也；其事在中，大无丧也。

上六，震索索，视矍矍，征凶。震不于其躬，于其邻，无咎。婚媾有言。

《象》曰：“震索索”，中未得也；虽凶无咎，畏邻戒也。

艮

【原文】

艮：艮其背，不获其身；行其庭，不见其人，无咎。

《彖》曰：艮，止也。时止则止，时行则行，动静不失其时，其道光明。艮其止，止其所也。上下敌应，不相与也。是以“不获其身，行其庭，不见其人，无咎”也。

《象》曰：兼山，艮。君子以思不出其位。

初六，艮其趾，无咎，利永贞。

《象》曰：“艮其趾”，未失正也。

六二，艮其腓，不拯其随，其心不快。

《象》曰：“不拯其随”，未退听也。

九三，艮其限，列其夤，厉熏心。

《象》曰：“艮其限”，危熏心也。

六四，艮其身，无咎。

《象》曰：“艮其身”，止诸躬也。

六五，艮其辅，言有序，悔亡。

《象》曰：“艮其辅”，以中正也。

上九，敦艮，吉。

《象》曰：“敦艮之吉”，以厚终也。

# 渐

**【原文】**

渐：女归吉，利贞。

《彖》曰：渐之进也，女归吉也。进得位，往有功也。进以正，可以正邦也。其位刚得中也。止而巽，动不穷也。

《象》曰：山上有木，渐。君子以居贤德善俗。

初六：鸿渐于干。小子厉，有言，无咎。

《象》曰："小子之厉"，义无咎也。

六二，鸿渐于磐，饮食衎衎，吉。

《象》曰："饮食衎衎"，不素饱也。

九三，鸿渐于陆。夫征不复，妇孕不育，凶。利御寇。

《象》曰："夫征不复"，离群丑也；"妇孕不育"，失其道也；"利用御寇"，顺相保也。

六四，鸿渐于木，或得其桷，无咎。

《象》曰："或得其桷"，顺以巽也。

九五，鸿渐于陵，妇三岁不孕，终莫之胜，吉。

《象》曰："终莫之胜吉"，得所愿也。

上九，鸿渐于陆，其羽可用为仪，吉。

《象》曰："其羽可用为仪，吉"，不可乱也。

# 归妹

**【原文】**

归妹：征凶，无攸利。

《彖》曰：归妹，天地之大义也。天地不交而万物不兴。归妹，人之终始也。说以动，所归妹也。“征凶”，位不当也。“无攸利”，柔乘刚也。

《象》曰：泽上有雷，归妹。君子以永终知敝。

初九，归妹以娣。跛能履，征吉。

《象》曰：“归妹以娣”，以恒也；“跛能履吉”，相承也。

九二，眇能视，利幽人之贞。

《象》曰：“利幽人之贞”，未变常也。

六三，归妹以须，反归以娣。

《象》曰：“归妹以须”，未当也。

九四，归妹愆期，迟归有时。

《象》曰：“愆期”之志，有待而行也。

六五，帝乙归妹，其君之袂不如其娣之袂良。月几望，吉。

《象》曰：“帝乙归妹，不如其娣之袂良”也。其位在中，以贵行也。

上六，女承筐，无实；士刲羊，无血。无攸利。

《象》曰：上六无实，承虚筐也。

丰

【原文】

丰：亨，王假之，勿忧，宜日中。

《彖》曰：丰，大也。明以动，故丰；“王假之”，尚大也；“勿忧宜日中”，宜照天下也；日中则昃，月盈则食；天地盈虚，与时消息，而况于人乎？况于鬼神乎？

《象》曰：雷电皆至，丰。君子以折狱致刑。

初九，遇其配主，虽旬无咎，往有尚。

《象》曰：“虽旬无咎”，过旬灾也。

六二，丰其蔀，日中见斗。往得疑疾，有孚发若，吉。

《象》曰：“有孚发若”，信以发志也。

九三，丰其沛，日中见沫，折其右肱，无咎。

《象》曰：“丰其沛”，不可大事也；“折其右肱”，终不可用也。

九四，丰其蔀，日中见斗，遇其夷主，吉。

《象》曰：“丰其蔀”，位不当也。“日中见斗”，幽不明也。“遇其夷主”，吉行也。

六五，来章，有庆誉，吉。

《象》曰：六五之吉，有庆也。

上六，丰其屋，蔀其家，窥其户，阒其无人，三岁不觌，凶。

《象》曰：“丰其屋”，天际翔也；“窥其户，阒其无人”，自藏也。

# 旅

䷷

【原文】

旅：小亨，旅贞吉。

《彖》曰：“旅小亨”，柔得中乎外，而顺乎刚，止而丽乎明，是以“小亨旅贞吉”也。旅之时义大矣哉！

《象》曰：山上有火，旅。君子以明慎用刑而不留狱。

初六，旅琐琐，斯其所取灾。

《象》曰：“旅琐琐”，志穷灾也。

六二，旅即次，怀其资，得童仆，贞。

《象》曰：“得童仆贞”，终无尤也。

九三，旅焚其次，丧其童仆，贞厉。

《象》曰：“旅焚其次”，亦以伤矣；以旅与下，其义丧也。

九四，旅于处，得其资斧，我心不快。

《象》曰：“旅于处”，未得位也；“得其资斧”，心未快也。

六五，射雉，一矢亡，终以誉命。

《象》曰：“终以誉命”，上逮也。

上九，鸟焚其巢，旅人先笑后号咷。丧牛于易，凶。

《象》曰：以旅在上，其义焚也；“丧牛于易”，终莫之闻也。

# 巽

【原文】

巽：小亨，利有攸往，利见大人。

《彖》曰：重巽以申命。刚巽乎中正而志行，柔皆顺乎刚，是以“小亨，利有攸往，利见大人”。

《象》曰：随风，巽。君子以申命行事。

初六，进退，利武人之贞。

《象》曰：“进退”，志疑也；“利武人之贞”，志治也。

九二，巽在床下，用史巫纷若，吉，无咎。

《象》曰：“纷若之吉”，得中也。

九三，频巽，吝。

《象》曰：“频巽之吝”，志穷也。

六四，悔亡，田获三品。

《象》曰：“田获三品”，有功也。

九五，贞吉，悔亡，无不利。无初有终。先庚三日，后庚三日，吉。

《象》曰：九五之吉，位正中也。

上九，巽在床下，丧其资斧，贞凶。

《象》曰：“巽在床下”，上穷也；“丧其资斧”，正乎凶也。

兑

**【原文】**

兑：亨，利贞。

《彖》曰：兑，说也。刚中而柔外，说以利贞，是以顺乎天而应乎人。说以先民，民忘其劳；说以犯难，民忘其死。说之大，民劝矣哉！

《象》曰：丽泽，兑；君子以朋友讲习。

初九，和兑，吉。

《象》曰："和兑之吉"，行未疑也。

九二，孚兑，吉，悔亡。

《象》曰："孚兑之吉"，信志也。

六三，来兑，凶。

《象》曰："来兑之凶"，位不当也。

九四，商兑未宁，介疾有喜。

《象》曰："九四之喜"，有庆也。

九五，孚于剥，有厉。

《象》曰："孚于剥"，位正当也。

上六，引兑。

《象》曰：上六"引兑"，未光也。

# 涣

【原文】

涣：亨，王假有庙。利涉大川，利贞。

《彖》曰：“涣，亨”，刚来而不穷，柔得位乎外而上同。“王假有庙”，王乃在中也。“利涉大川”，乘木有功也。

《象》曰：风行水上，涣。先王以享于帝立庙。

初六，用拯马壮，吉。

《象》曰：初六之吉，顺也。

九二，涣奔其机，悔亡。

《象》曰：“涣奔其机”，得愿也。

六三，涣其躬，无悔。

《象》曰：“涣其躬”，志在外也。

六四，涣其群，元吉。涣有丘，匪夷所思。

《象》曰：“涣其群元吉”，光大也。

九五，涣汗其大号，涣王居，无咎。

《象》曰：“王居无咎”，正位也。

上九，涣其血，去逖出，无咎。

《象》曰：“涣其血”，远害也。

# 节

【原文】

节：亨。苦节，不可贞。

《彖》曰："节亨"，刚柔分而刚得中。"苦节不可贞"，其道穷也。说以行险，当位以节，中正以通。天地节而四时成。节以制度，不伤财，不害民。

《象》曰：泽上有水，节。君子以制数度，议德行。

初九，不出户庭，无咎。

《象》曰："不出户庭"，知通塞也。

九二，不出门庭，凶。

《象》曰："不出门庭凶"，失时极也。

六三，不节若，则嗟若，无咎。

《象》曰："不节之嗟"，又谁咎也?

六四，安节，亨。

《象》曰："安节之亨"，承上道也。

九五，甘节，吉，往有尚。

《象》曰："甘节之吉"，居位中也。

上六，苦节，贞凶，悔亡。

《象》曰："苦节贞凶"，其道穷也。

# 中孚

【原文】

中孚：豚鱼，吉。利涉大川，利贞。

《彖》曰："中孚"，柔在内而刚得中，说而巽，孚乃化邦也。"豚鱼吉"，信及豚鱼也；"利涉大川"，乘木舟虚也；中孚以利贞，乃应乎天也。

《象》曰：泽上有风，中孚。君子以议狱缓死。

初九：虞吉，有它不燕。

《象》曰：初九"虞吉"，志未变也。

九二，鸣鹤在阴，其子和之，我有好爵，吾与尔靡之。

《象》曰："其子和之"，中心愿也。

六三，得敌，或鼓或罢，或泣或歌。

《象》曰："或鼓或罢"，位不当也。

六四，月几望，马匹亡，无咎。

《象》曰："马匹亡"，绝类上也。

九五，有孚挛如，无咎。

《象》曰："有孚挛如"，位正当也。

上九，翰音登于天，贞凶。

《象》曰："翰音登于天"，何可长也？

# 小过

**【原文】**

小过：亨，利贞。可小事，不可大事。飞鸟遗之音，不宜上，宜下，大吉。

《彖》曰：小过，小者过而亨也。过以利贞，与时行也。柔得中，是以小事吉也；刚失位而不中，是以不可大事也。有飞鸟之象焉，“飞鸟遗之音，不宜上，宜下，大吉”；上逆而下顺也。

《象》曰：山上有雷，小过。君子以行过乎恭，丧过乎哀，用过乎俭。

初六，飞鸟以凶。

《象》曰：“飞鸟以凶”，不可如何也。

六二，过其祖，遇其妣。不及其君，遇其臣，无咎。

《象》曰：“不及其君”，臣不可过也。

九三，弗过防之，从或戕之，凶。

《象》曰：“从或戕之”，凶如何也！

九四，无咎，弗过遇之；往厉必戒，勿用，永贞。

《象》曰：“弗过遇之”，位不当也；“往厉必戒”，终不可长也。

六五，密云不雨，自我西郊；公弋取彼在穴。

《象》曰：“密云不雨”，已上也。

上六，弗遇过之；飞鸟离之，凶，是谓灾眚。

《象》曰：“弗遇过之”，已亢也。

## 既济

【原文】

既济：亨小，利贞；初吉终乱。

《彖》曰："既济，亨"，小者亨也。"利贞"，刚柔正而位当也；"初吉"，柔得中也；"终止则乱"，其道穷也。

《象》曰：水在火上，既济。君子以思患而预防之。

初九，曳其轮，濡其尾，无咎。

《象》曰："曳其轮"，义无咎也。

六二，妇丧其茀，勿逐，七日得。

《象》曰："七日得"，以中道也。

九三，高宗伐鬼方，三年克之，小人勿用。

《象》曰："三年克之"，惫也。

六四，繻有衣袽，终日戒。

《象》曰："终日戒"，有所疑也。

九五，东邻杀牛，不如西邻之禴祭，实受其福。

《象》曰："东邻杀牛"，不如西邻之时也；"实受其福"，吉大来也。

上六，濡其首，厉。

《象》曰："濡其首厉"，何可久也？

# 未济

**【原文】**

未济：亨。小狐汔济，濡其尾，无攸利。

《彖》曰："未济，亨"，柔得中也。"小狐汔济"，未出中也；"濡其尾，无攸利"，不续终也。虽不当位，刚柔应也。

《象》曰：火在水上，未济。君子以慎辨物居方。

初六，濡其尾，吝。

《象》曰："濡其尾"，亦不知极也。

九二，曳其轮，贞吉。

《象》曰：九二贞吉，中以行正也。

六三，未济，征凶，利涉大川。

《象》曰："未济征凶"，位不当也。

九四，贞吉，悔亡；震用伐鬼方，三年，有赏于大国。

《象》曰："贞吉悔亡"，志行也。

六五，贞吉，无悔；君子之光，有孚吉。

《象》曰："君子之光"，其晖吉也。

上九，有孚于饮酒，无咎；濡其首，有孚失是。

《象》曰："饮酒濡首"，亦不知节也。

# 部分文白对照

# 第一卦：乾卦

乾：元，亨，利，贞。

【白话】

《乾》卦象征天：元始，亨通，和谐，贞正。

【提示】

指通顺、有利。人生总的指导。

初九，潜龙，勿用。

【白话】

初九，龙尚潜伏在水中，养精蓄锐，暂时还不要发挥作用。

【提示】

韬光养晦。

九二，见龙在田，利见大人。

【白话】

九二，龙已出现在地上，见到德高势隆的大人物有利。

【提示】

崭露头角。

九三，君子终日乾乾，夕惕若厉。无咎。

【白话】

九三，君子整天自强不息，晚上也不敢有丝毫的懈怠，这样即使遇到危险也会逢凶化吉。

【提示】

居安思危。

九四，或跃在渊，无咎。

【白话】

九四，龙或腾跃而起，或退居于渊，均不会有灾难。

【提示】

动静皆宜。

九五，飞龙在天，利见大人。

【白话】

九五，龙飞上了高空，适于见到德高势隆的大人物。

【提示】

把握时机，积极进取。

上九，亢龙，有悔。

【白话】

上九，龙飞到了过高的地方，必将会后悔。

【提示】

物极必反

用九，见群龙无首，吉。

【白话】

“用九”这一爻，出现群龙自觉自律，谁也不愿意为首的现象，是很吉利的。

【提示】

大吉。

# 第二卦：坤卦

坤：元，亨，利牝马之贞。君子有攸往，先迷；后得主，利。西南得朋，东北丧朋。安贞吉。

【白话】

《坤》卦象征地：元始，亨通，如果像雌马那样柔顺，则是吉利的。君子从事某项事业，虽然开始时不知所从，但结果会是有利的。如往西南方，则会得到朋友的帮助。如往东北方，则会失去朋友的帮助。安于正道是吉利的。

【提示】

平正、柔顺，自得其所。

初六：履霜，坚冰至。

【白话】

初六，脚踏上了霜，气候变冷，冰雪即将到来。

【提示】

见微知著，未雨绸缪。

六二，直方大，不习，无不利。

【白话】

六二，正直，端正，广大，具备这样的品质，即使不复习也不会有什么不利。

【提示】

以德服人，顺其自然。

六三，含章，可贞，或从王事，无成有终。

【白话】

六三，胸怀才华而不显露，如果辅佐君主，能克尽职守，功成不居。

【提示】

恰当展示和运用自身才华。

六四，括囊，无咎无誉。

【白话】

六四，扎紧袋口，不说也不动，这样虽得不到称赞，但也免遭祸患。

【提示】

谨言慎行。

六五，黄裳，元吉。

【白话】

六五，黄色的衣服，最为吉祥。

【提示】

得最佳状态之利。

上六，龙战于野，其血玄黄。

【白话】

上六，龙在原野上交战，流出青黄相间的血。

【提示】

境遇不妙，须立即改弦易张。

用六，利永贞。

【白话】

“用六”这一爻，利于永远保持中正。

【提示】

永远守正，则大吉大利。

# 第三卦：屯卦

屯：元亨，利贞。勿用有攸往。利建侯。

【白话】

《屯》卦象征初生：元始，亨通，和谐，贞正。不要急于发展，首先要立君建国。

【提示】

少安毋躁，先立根基。

初九，磐桓，利居贞，利建侯。

【白话】

初九，万事开头难，在初创时期困难特别大，难免徘徊不前，但只要能守正不阿，仍然可建功立业。

【提示】

坚定意志。

六二，屯如邅如，乘马班如。匪寇婚媾，女子贞不字，十年乃字。

【白话】

六二，想前进又难于前进，乘着马车在原地回旋。这不是强盗前来抢劫，而是来求婚。占卜的结果是这个女子不能怀孕，十年之后才能生育。

【提示】

陷入困境，违反常态，但最后仍有可能恢复正常。

六三，即鹿无虞，惟入于林中，君子几不如舍，往吝。

【白话】

六三，追逐鹿时，由于缺少管山林之人的引导，致使鹿逃入树林中去。君子此时不如放弃算了，继续追捕必然会有祸事发生。

【提示】

懂得放弃。

六四，乘马班如，求婚媾。往吉，无不利。

【白话】

六四，骑着马团团打转，但如坚定不移地去求婚，则结果必然是吉祥顺利的。

【提示】

目标明确如一。

九五，屯其膏，小，贞吉；大，贞凶。

【白话】

九五，只顾自己囤积财富而不注意帮助别人，是很危险的。那样做，办小事虽有成功的可能，但办大事则必然会出现凶险。

【提示】

勿因小失大。

上六，乘马班如，泣血涟如。

【白话】

上六，骑着马团团打转，进退两难，悲伤哭泣，泣血不止。

【提示】

身陷困境，须努力寻求转机。

# 第四卦：蒙卦

蒙：亨。匪我求童蒙，童蒙求我。初筮告，再三渎，渎则不告。利贞。

【白话】

《蒙》卦象征启蒙：亨通。不是我有求于蒙昧的童子，而是蒙昧的童子有求于我，第一次占筮，我告诉他结果，如果一而再、再而三地占筮，这是亵渎神明，我就不告诉他。利于守正道。

【提示】

蒙昧之时须先诚其意，培养正道。
然而不可冥顽不化。

初六，发蒙，利用刑人，用说桎梏；以往吝。

【白话】

初六，要进行启蒙教育，适宜用刑罚来规范人们，借此让他们摆脱桎梏。但若只知如此，一味将刑罚推进下去，则不利。

【提示】

用法适当，不走极端。

九二，包蒙，吉。纳妇，吉。子克家。

【白话】

九二，包容蒙昧，这是很吉利的。如果迎娶新媳妇，也是吉祥的。因为孩子们已经能够成家了。

【提示】

孺子可教，须怀包容之心。

六三，勿用取女，见金夫，不有躬，无攸利。

【白话】

六三，不要娶这个女的，看见美男子，要丧命，没有任何好处。

【提示】

不要为色所蒙。

六四，困蒙，吝。

【白话】

六四，人处于蒙昧之中，这才是真正的困境。

【提示】

无知是人生最大困境。

六五，童蒙，吉。

【白话】

六五，蒙童虚心地向老师求教，这是很吉祥的。

【提示】

蒙昧并不可怕，虚心求知好学可使人脱离困境。

上九，击蒙，不利为寇，利御寇。

【白话】

上九，去除蒙昧。不宜做强盗，宜抵御强盗。

【提示】

即使去除蒙昧，也应掌握一定的度，不可急功冒进。

# 第五卦：需卦

需：有孚，光亨。贞吉，利涉大川。

【白话】

《需》卦象征等待：具有诚实守信的品德，光明正大，做事才会亨通顺利，占问的结果是吉祥的，出外远行，渡过宽阔的河流会很顺利。

【提示】

要有耐心。

初九，需于郊，利用恒，无咎。

【白话】

初九，在郊外等待，适宜长久耐心地静候时机，不会有什么祸患。

【提示】

不妄进，有耐心。

九二，需于沙，小有言，终吉。

【白话】

九二，在沙滩上等待，虽然要受到别人的一些非难指责，耐心等待终究会获得吉祥。

【提示】

以耐心应对眼前的困难。

九三，需于泥，致寇至。

【白话】

九三，在泥泞中等待，结果招来了强盗。

【提示】

谨慎所处之地。

六四，需于血，出自穴。

【白话】

六四，在血泊中等待，从洞穴中脱身出来。

【提示】

顺从以听命。

九五，需于酒食，贞吉。

【白话】

九五，在享用酒食中等待，占问的结果是吉祥的。

【提示】

占据优势并不一定产生负面影响，关键在于守中正。

上六，入于穴，有不速之客三人来，敬之终吉。

【白话】

上六，落入了洞穴之中，忽然有不请自来的三位客人到来；对他们恭恭敬敬，以礼相待，终归会得到吉祥的结果。

【提示】

强调敬谨，以礼待人。

# 第六卦：讼卦

讼：有孚窒惕，中吉，终凶。利见大人。不利涉大川。

【白话】

《讼》卦象征打官司：这是因为诚实守信的德行被阻塞，心中畏惧有所戒备而引起，坚守正道居中不偏会有吉祥；坚持把官司打到底则有凶险，如有德高望重的大人物出现则会有利，但出外远行、要渡过宽阔的大河则不会顺利。

【提示】

适可而止，处理纠纷时应注意分寸。

初六，不永所事；小有言，终吉。

【白话】

初六，不把事情做到底；虽然会受到一些非难和指责，但终久将获得吉祥。

【提示】

适时而止。

九二，不克讼，归而逋。其邑人三百户，无眚。

【白话】

九二，打官司失利，逃回来躲避，他的采邑中的三百户人口没有灾害。

【提示】

形势比人强，先避讼免祸再说。

六三，食旧德，贞厉，终吉。或从王事，无成。

【白话】

六三，安享着原有的家业，吃喝不愁，坚守正道，占卜时有危险，处处小心防备危险，终久会获得吉祥；如果辅佐君王建功立业，成功后不归功于自己。

【提示】

坚守中正，居功不傲。

九四，不克讼，复即命渝，安贞吉。

【白话】

九四，打官司失利，经过反思改变了主意，决定不打官司了，安分守己，必然会得到吉利的结果。

【提示】

不可固执，迷途知返。

九五，讼，元吉。

【白话】

九五，官司得到了公正的判决，开始获得吉祥。

【提示】

公正严明。

上九：或锡之鞶带，终朝三褫之。

【白话】

上九，因打官司获胜，君王偶然赏赐给饰有皮束衣带的华贵衣服，但在一天之内却几次被剥下身来。

【提示】

若走极端，即使胜诉也必结怨，所以得饶人处且饶人。

# 第七卦：师卦

师：贞丈人吉，无咎。

【白话】

《师》卦象征军队：坚守正道，德高望重富有经验的长者统帅军队可以得到吉祥，不会有什么灾祸。

【提示】

将帅责任重大，其资质十分重要。

初六，师出以律，否臧凶。

【白话】

初六，出师征战必须要有严明的纪律，如果军纪混乱必然有凶险。

【提示】

纪律严格是团队成功的必要条件。

九二，在师中吉，无咎。王三锡命。

【白话】

九二，在军中任统帅，持中不偏可得吉祥，不会有什么灾祸；君王多次进行奖励，并被委以重任。

【提示】

除了自身守中正，能得到上级的完全信任支持也是至关重要的。

六三，师或舆尸，凶。

【白话】

六三，不时有士兵从战场上运送战死者的尸体回来，凶险。

【提示】

打仗固然有伤亡，但不可过度。

六四，师左次，无咎。

【白话】

六四，军队后退驻扎，免得遭受损失。

【提示】

“打得赢就打，打不赢就跑”，不冒进。

六五，田有禽。利执言，无咎。长子帅师，弟子舆尸，贞凶。

【白话】

六五，田野中有野兽出没，率军围猎捕获，不会有损失；委任德高望重的长者为军中主帅，这是正道，委任无 德小人运回尸体，占问的结果必然是凶险的。

【提示】

防止用人不当。

上六，大君有命，开国承家，小人勿用。

【白话】

上六，天子颁布了诏命，分封功臣，或封为诸侯，或封为大夫，但小人千万不可重用。

【提示】

用人之时可以灵活任用人；但封赏之时，则要妥善处理，不使小人成为后患。

# 第八卦：比卦

比：吉。原筮，元永贞，无咎。不宁方来，后夫凶。

【白话】

《比》卦象征亲密无间，团结互助：吉祥。探本求原，再一次卜筮占问，长久不变地坚守正道，不会有祸害。连不安分的诸侯现在也及时来朝贺，迟到的将有凶险。

【提示】

辩明实情，择善而共事。

初六，有孚比之，无咎。有孚盈缶，终来有它，吉。

【白话】

初六，具有诚实守信的德行，亲密团结，不会有灾祸；诚信的德行如同美酒注满了酒缸，会有意外的吉祥最后来到。

【提示】

亲密合作首先在于诚信无欺。

六二，比之自内，贞吉。

【白话】

六二，亲近他人从自身内部做起，占问结果是吉祥的。

【提示】

团结他人却不一味迎合，合作而不失自身立场。

六三，比之匪人。

【白话】

六三，所亲近依靠的是不适当的人。

【提示】

交友不慎。

六四，外比之，贞吉。

【白话】

六四，向外去亲近依靠，其结果是吉祥的。

【提示】

慎重选择交往合作的人。

九五，显比；王用三驱，失前禽，邑人不诫，吉。

【白话】

九五，光明无私，亲密团结，互相辅助；跟随君王去田野围猎，从三面驱赶，网开一面，看着禽兽从放开的一面逃走，毫不在乎，国中的人没有受惊吓，吉祥。

【提示】

愿意归顺的就一起共事，不愿意的就不一起共事，“舍逆取顺”，并不强求。

上六，比之无首，凶。

【白话】

上六，想找人亲近依靠，然而一开始就做得不好，（即迟到），结果将有凶险。

【提示】

善始方可善终。

# 第九卦：小畜卦

小畜：亨。密云不雨。自我西郊。

【白话】

《小畜》卦象征小有积蓄：亨通顺利；天空布满浓密的积云，但还没有下雨，云气是从城西郊区升起来的。

【提示】

针对蓄积阶段（从云到雨），即为达到成功，自身所进行的储备阶段。

初九，复自道，何其咎？吉。

【白话】

初九，自己从原路返回，哪里会有什么灾害呢？吉祥。

【提示】

成大气候之前最好循规蹈矩，安于本分。

九二，牵复，吉。

【白话】

九二，跟着别人一道从原路返回，吉祥。

【提示】

被别人带动而行正事，这也是好的。

不可自认为是。

九三，舆说輹，夫妻反目。

【白话】

九三，大车的辐条从车轮中脱出来，车不能再行了。夫妻不和。

【提示】

不协调好各种关系，就办不好事情。

六四，有孚；血去惕出，无咎。

【白话】

六四，具有诚实守信的德行；摈弃忧虑，去掉戒惧，这样是没有灾祸的。

【提示】

君子坦荡荡，有诚信之心，就不会常戚戚。

九五，有孚挛如，富以其邻。

【白话】

九五，有诚信的德行系念着，自己致富也要使邻人跟着一同富起来。

【提示】

不独富。

独富遭妒忌。

上九，既雨既处，尚德载。妇贞厉，月几望；君子征凶。

【白话】

上九，下起了细雨，但不久又停下来，推崇将美德慢慢积累深厚；妇人占问会有危险，十五月圆十六就开始亏了。君子外出必有凶险。

**【提示】**

蓄到一定时候，已成气候。

这时候要注意水满则溢，月盈则亏。

出于辅佐地位的人（如妇人相对于夫）要摆正与主角的关系，再往前走一步的话会招来祸患，最好功成身退。

# 第十卦：履卦

履：履虎尾，不咥人。亨。

【白话】

《履》卦象征小心行动：踩在老虎尾巴上，老虎却没有咬人，亨通顺利。

【提示】

以柔和对应刚硬，遇到最危险的事情也有可能通达。

初九，素履往，无咎。

【白话】

初九，穿着朴素的鞋子出去（喻质朴的行事方式），没有灾难。

【提示】

脚踏实地，朴实无华。

九二，履道坦坦，幽人贞吉。

【白话】

九二，行走在平坦宽广的道路上，幽居的人安于闲逸恬静的生活，占问结果是吉祥的。

【提示】

安然恬淡，不改其志。

六三，眇能视，跛能履。履虎尾，咥人，凶。武人为于大君。

【白话】

六三，眼睛有疾的人但能看东西；腿跛了的但能走路。不小心踩在老虎尾巴上，老虎回头就咬人，凶险；莽撞的武夫相当于自以为是的国君。

【提示】

有自知之明，不为表象所蒙蔽而飘飘然，量力而行，不冒进。

九四，履虎尾，愬愬，终吉。

【白话】

九四，踩在老虎尾巴上，谨慎小心，最后得到吉祥。

【提示】

应对方式不同，结果不同，与六三爻是鲜明对比。

九五，夬履，贞厉。

【白话】

九五，鞋子破裂，有危险。

【提示】

才能、位置都不错，然而伤于所用之物。

上九，视履考祥，其旋元吉。

【白话】

上九，回顾走过的路，详细察看一下吉凶祸福，今后遇到类似情况会吉祥。

【提示】

前事不忘，后事之师。

# 第十一卦：泰卦

泰：小往大来，吉，亨。

【白话】

《泰》卦象征通达：小的去了，大的来到，吉祥，亨通。

【提示】

融会贯通，兴旺发达。

初九，拔茅茹，以其汇。征吉。

【白话】

初九，拔起了一把茅草，根茎牵连着同类，往前行进是吉祥的。

【提示】

物以类聚，人以群分，携手并进。

九二，包荒，用冯河，不暇遗。朋亡，得尚于中行。

【白话】

九二，包容宽广，可徒步穿越河流，再疏远的人也要笼络他，用他的才干；不结党营私，守中而行受到推崇。

【提示】

物尽其用，有开阔眼界和胸怀，但不要结党营私。

九三，无平不陂，无往不复。艰贞无咎。勿恤其孚，于食有福。

【白话】

九三，没有只平坦而不倾斜的，没有只出去不回来的，处在艰难困苦的环境中坚守正道就没有灾害，不要怕不能取信于人，安心享用自己的俸禄。

【提示】

事物的转变是世间常态。

不要害怕变化。

六四，翩翩，不富以其邻，不戒以孚。

【白话】

六四，轻松而不靠财富就能与邻居友好相处，由于诚信而不必加强戒备。

【提示】

与人相处之道。

六五，帝乙归妹，以祉元吉。

【白话】

六五，商代帝王乙嫁出自己的女儿，因此得到了福分，是十分吉祥的事。

【提示】

降尊就卑，礼贤下士。

上六，城复于隍，勿用师，自邑告命，贞吝。

【白话】

上六，城墙倒塌在久已干涸的护城壕沟里；这时绝不可进行战争。从城里（而非京城）传来命令，占卜不利。

【提示】

物极必反，大势所趋难以抵挡。

# 第十二卦：否卦

否：否之匪人，不利君子贞，大往小来。

【白话】

《否》卦象征闭塞：违反天道人情常理，君子占问不利，大的去了，小的来到。

【提示】

闭塞不通，没有生气。

初六，拔茅茹以其汇，贞吉，亨。

【白话】

初六，拔起了一把茅草，根茎牵连着同类，占问吉祥，通顺。

【提示】

与泰卦中初九相对应，只是一个是“征吉”，一个是“贞吉”。

泰卦中君子同类以进，否卦中君子同类退隐。

六二，包承，小人吉，大人否。亨。

【白话】

六二，包容承载，小人吉祥，大人闭塞，但仍可通顺。

【提示】

大人此时要格外小心提防小人。

六三，包羞。

【白话】

六三，包藏羞耻。

【提示】

坐在了不合适的位子，当然不能服众。

九四，有命无咎，畴离祉。

【白话】

九四，奉行天命，没有灾祸，众人彼此依靠而得福。

【提示】

顺天意，得民心。

九五，休否，大人吉。其亡其亡，系于苞桑。

【白话】

九五，时世闭塞不通的局面将要停止，德高势隆的大人物可以获得吉祥；居安思危，常常以“不久将要灭亡，不久将要灭亡”，这样的警句来提醒自己，才能像系结在一大片丛生的桑树上那样牢固，安然无事。

【提示】

居安思危，时时自警。

上九，倾否；先否后喜。

【白话】

上九，闭塞不通的局面将要改变，发生了天翻地覆的变化；起初闭塞不通，后来顺畅通达，大家欢喜高兴。

【提示】

在困苦中坚持到底，最终一定可以苦尽甘来。

# 第十三卦：同人卦

同人于野，亨。利涉大川，利君子贞。

【白话】

《同人》卦象征与人和睦相处：众人聚集在宽广的原野上，亨通，适宜渡过大河急流，君子占问有利。

【提示】

不以利益聚合众人，而是摒弃私心。

初九，同人于门，无咎。

【白话】

初九，一出门就遇见能和睦共处的人，不会有什么灾祸。

【提示】

没有私心，即彼此无嫌隙，天下可同。

六二，同人于宗，吝。

【白话】

六二，只和本宗本派的人和睦相处，会受困于此。

【提示】

囿于小团体利益，不是真正的同。

九三，伏戎于莽，升其高陵，三岁不兴。

【白话】

九三，把军队埋伏在密林草莽之中，占据附近的制高点，三年都不敢出兵打仗。

【提示】

不具备优势，小心为妙。

九四，乘其墉，弗克攻，吉。

【白话】

九四，准备登城向敌人进攻，但终于没有进攻，是吉祥的。

【提示】

悬崖勒马。

九五，同人先号啕后笑，大师克，相遇。

【白话】

九五，聚合众人，开始大声痛哭，后来破涕为笑，大军作战告捷，志同道合者相会在一起。

【提示】

二分同心，其利断金。

上九，同人于郊，无悔。

【白话】

上九，聚合众人于荒郊野外，（未遇到志同道合者）也不后悔。

【提示】

不能求同，则存异，这也是一种旷达心态，“同人”心态。

# 第十四卦：大有卦

大有：元亨。

【白话】

《大有》卦象征大有收获：至为亨通。

【提示】

大有收获。

初九，无交害，匪咎。艰则无咎。

【白话】

初九，没有因交往而互相伤害，没有什么祸患；处于艰困中，没有灾害。

【提示】

处在困境中安分修养，就可以无咎。

九二，大车以载，有攸往，无咎。

【白话】

九二，用大车装载着财物，送到前面的地方，没有什么祸患。

【提示】

让自己成为大车，即修养积德，使自己可以任重而致远。

九三，公用亨于天子，小人弗克。

【白话】

九三，公侯享受天子的款待，而小人不能。

【提示】

如果将小人过于抬举，他日后一定跋扈难控。

九四，匪其尫，无咎。

【白话】

九四，不仗恃自身和他人的强大，不会发生灾祸。

【提示】

声势日隆之时，更要小心谨慎，避负灾祸。

六五，厥孚交如，威如，吉。

【白话】

六五，以诚实守信的准则对外交往，上下交信，同时展现个人的威望，是吉祥的。

【提示】

不仅要诚信，还要有威望。

上九，自天祐之，吉，无不利。

【白话】

上九，上天保佑有德之人，赐福于己，吉祥，无往不利。

【提示】

顺天道，讲诚信，天人合一。

# 第十五卦：谦卦

谦：亨。君子有终。

【白话】

《谦》卦象征谦虚：通达。君子谦卑会有好的结果。

【提示】

谦逊行事。

初六，谦谦君子，用涉大川，吉。

【白话】

初六，谦虚而又谦虚的君子，可以涉过大河（意思是能够克服一切困难，排除一切障碍），最终必然安全吉祥。

【提示】

以谦虚的态度自我约束。

六二，鸣谦，贞吉。

【白话】

六二，有声望而又谦逊，占问结果是吉利的。

【提示】

盛名之下仍旧保持谦卑，尤为难得。

九三，劳谦，君子有终，吉。

【白话】

九三，勤劳而谦虚的君子，必定有好的结果，最终一定是吉祥的。

【提示】

劳苦功高却不自夸，是真谦虚，真宽厚。

六四，无不利，撝谦。

【白话】

六四，没有任何不吉利，要发扬光大谦虚的美德。

【提示】

始终保持谦虚的美德。

六五，不富以其邻，利用侵伐，无不利。

【白话】

六五，不靠财富就得到邻居的支持，适宜进行征战，（讨伐不服王命的人），没有不利的事情。

【提示】

不能只图谦卑而无威严，当需恩威并重。

上六，鸣谦，利用行师征邑国。

【白话】

上六，有声望而又谦卑，适宜派遣军队，讨伐小国。

【提示】

不可无原则地谦让，该出手时就出手。

# 第十六卦：豫卦

豫：利建侯行师。

【白话】

《豫》卦象征欢乐愉快与预备之意：适宜建立诸侯的伟大功业，适宜出师南征北战。

【提示】

欢欣之余不忘警醒，居安思危。

初六，鸣豫，凶。

【白话】

初六，自鸣得意，耽于享乐，必遭凶险。

【提示】

不可得意忘形。

六二，介于石，不终日，贞吉。

【白话】

六二，耿介如坚石，还不到一天时间，就明白了身处愉悦中如何把持的道理，占问结果吉祥。

【提示】

生于忧患，死于安乐。

在安乐中能够自我把握殊为不易。

六三，盱豫，悔，迟有悔。

【白话】

六三，以谄媚的手段取悦于上司，以求得自己的欢乐，这势必导致悔恨。迟疑不决也导致悔恨。

【提示】

对眼前利益的追求往往导致悔恨，由乐转悲。

九四，由豫，大有得，勿疑。朋盍簪。

【白话】

九四，由此而得到欢乐，大有所获；不要有疑虑，朋友们会像头发汇聚于簪子一样，积聚起来。

【提示】

水到渠成。

六五，贞疾，恒不死。

【白话】

六五，有疾病，但仍能长时间地支持下去而不致灭亡。

【提示】

勉力坚持。

上六，冥豫，成有渝。无咎。

【白话】

上六，已处在天昏地暗的局面之中，但却执迷不悟，仍沉溺于寻欢作乐之中，十分危险。但只要及时觉悟，改弦易辙，则可避免祸害。

【提示】

功成名就之后更要小心谨慎，不耽于享乐。

# 第十七卦：随卦

随：元亨，利贞，无咎。

【白话】

《随》卦象征随从，随顺：大通顺，占问有利，没有危险。

【提示】

顺天顺地顺道，自然无害。

初九，官有渝，贞吉，出门交有功。

【白话】

初九，官员有变通，占问吉利。出门交朋友，一定能成功。

【提示】

固守正道，但又要懂得变通。

六二，系小子，失丈夫。

【白话】

六二，系住小孩，失去丈夫。

【提示】

两者不能兼顾，选择最方便的不一定是最佳选择。

六三，系丈夫，失小子，随有求得。利居贞。

【白话】

六三，系住丈夫，失去小孩。随自然而有求，可以得道。适宜守住正固之心。

【提示】

追随持正道的人。

九四，随有获，贞凶。有孚在道，以明，何咎？

【白话】

九四，相随外出，虽有收获，但有可能发生凶险。但只要心存诚信，不违正道，使自己的美德显明，那还有什么危害呢?

【提示】

在利益面前人们会合作也会发生纷争，这时候要固守诚信、正道。

九五，孚于嘉，吉。

【白话】

九五，对美善之事保持信仰，可获吉祥。

【提示】

不失赤子之心。

上六，拘系之，乃从维之，王用亨于西山。

【白话】

上六，把他抓住捆起来，后来又放开他。君王在西山献祭。

【提示】

饱经忧患之后，当顺从天意，感谢天意。

# 第十八卦：蛊卦

蛊：元亨。利涉在川；先甲三日，后甲三日。

【白话】

《蛊》卦象征救弊治乱，拨乱反正：最为通达，适宜渡过大河。开始之前的三天除旧，开始之后的三天布新。

【提示】

采取行动，革除积弊。

初六，干父之蛊，有子，考无咎；厉，终吉。

【白话】

初六，挽救父辈所败坏了的基业，由能干的儿子来继承父辈的事业，必无危害；即使遇到艰难险阻，只要努力奋斗，最终必获吉祥。

【提示】

最好的继承不是全盘招收，而是收拾残局，开拓新局面。

九二，干母之蛊，不可贞。

【白话】

九二，救治母辈所造成的弊病，占问结果是暂时不行。

【提示】

解决遗留问题不可操之过急，视具体情况区别对待。

九三，干父之蛊，小有悔，无大咎。

【白话】

九三，要挽救父辈败坏了的基业，其间必发生失误，因而会产生懊悔，但不会有大的危害。

【提示】

不低估前进过程中会面临的阻力，但也不必畏惧不前。

六四，裕父之蛊，往见吝。

【白话】

六四，宽容对待父辈留下的积弊，任其发展，会陷入困境。

【提示】

容忍积弊并不是真正的孝道。

六五，干父之蛊，用誉。

【白话】

六五，挽救父辈败坏的基业，一定会受到人们的赞誉。

【提示】

有扬弃的继承。

上九，不事王侯，高尚其事。

【白话】

上九，不侍奉王侯，以高尚来要求自己的作为。

【提示】

隐居并不是消极避世，而是在社会混乱的时候磨炼自己的志节。

# 第十九卦：临卦

临：元亨，利贞。至于八月有凶。

【白话】

《临》卦象征督导：大通顺，祥和有益，坚守正道。但是到了八月（阳衰阴盛），会有凶险。

【提示】

形势大好，但是前景堪忧。

初九，咸临，贞吉。

【白话】

初九，用感化作为督导、治民的方式。可获吉祥。

【提示】

随风潜入夜，润物细无声。

九二，咸临，吉，无不利。

【白话】

九二，用温和的感化政策治民，吉祥，不会有什么不利。

【提示】

重视教化的作用。

六三，甘临，无攸利；既忧之，无咎。

【白话】

六三，只靠甜言蜜语去督导，没有利益；但是，已经觉悟，能忧惧改过，就不会有祸害。

【提示】

区别教化与取悦、纵容。

六四，至临，无咎。

【白话】

六四，亲自督导下级，没有祸害。

【提示】

躬亲自律。

六五，知临，大君之宜，吉。

【白话】

六五，知道如何督导民众，这是伟大君主的最佳表现，能获得吉祥。

【提示】

领导艺术。

上六，敦临，吉，无咎。

【白话】

上六，温柔敦厚地实行督导，能获得吉祥，没有危害。

【提示】

大巧若拙。

# 第二十卦：观卦

观：盥而不荐，有孚颙若。

【白话】

《观》卦象征观察：祭祀开始时洗净双手，还未到进献祭品的阶段，这时已经充满了诚敬肃穆的情绪。

【提示】

通过观摩，也可以受到教化。

初六，童观，小人无咎，君子吝。

【白话】

初六，像幼稚的儿童一样观察景物，这对无知的庶民来说，不会有害处，但对君子来说，就未免有所憾惜。

【提示】

观察的初级阶段。

六二，窥观，利女贞。

【白话】

六二，由门缝中偷观景物，对于女子来说是好的，（对于君子就不行了）。

【提示】

君子要突破很有局限性的“一孔之见”。

六三，观我生，进退。

【白话】

观察我的民众，小心谨慎地决定自己的进退。

【提示】

审时度势。

六四，观国之光，利用宾于王。

【白话】

六四，瞻仰一个国家的文治武功，适宜成为君王的宾客和辅佐。

【提示】

全方位考量形势，决定自己的行动。

九五，观我生，君子无咎。

【白话】

九五，观察我的民众，君子不会有祸患。

【提示】

观察别人（的反应），也就是观察自己（的行为是否适当）。

上九，观其生，君子无咎。

【白话】

上九，观察他的民众，君子不会有祸患。

【提示】

在更大范围内进行考察。观察他人的治理结果。

# 第二十一卦：噬嗑卦

噬嗑：亨。利用狱。

【白话】

《噬磕》卦象征咬合：亨通无阻，适宜使用刑罚。

【提示】

讨论怎样使用惩罚手段才是适当的。

初九，屦校灭趾，无咎。

【白话】

初九，足戴脚镣，遮住脚趾头，没有灾难。

【提示】

惩罚于小恶开始之时，防微杜渐。

六二，噬肤灭鼻，无咎。

【白话】

六二，咬食肥肉，鼻子没入，没有灾难。

【提示】

吃相不雅，对付特别顽固的恶人，可以不太计较手段。

六三，噬腊肉遇毒；小吝，无咎。

【白话】

六三，吃腊肉，遇到有毒的部分。这是小的困难，没有大灾难。

【提示】

即使做事招来一些怨恨，但无伤整体。

九四，噬干胏，得金矢。利坚贞，吉。

【白话】

九四，咬食骨头上的干肉，获得金属箭头。适宜在困难中保持正固，吉祥。

【提示】

做事仍然不太顺利，但是做到不过分则无害。

六五，噬干肉得黄金。贞厉，无咎。

【白话】

六五，咬食干肉，获得黄金。占问危险事，但是没有灾害。

【提示】

有风险，但谨慎，又明鉴，则无灾。

上九，何校灭耳，凶。

【白话】

上九，肩负重枷，遮住耳朵，有凶险。

【提示】

做事不聪不明。

# 第二十二卦：贲卦

贲：亨。小利有攸往。

【白话】

《贲》卦象征装饰：亨通，小的方面适宜有所前往。

【提示】

通过修饰整治，使事物呈现合适的面目。

初九，贲其趾，舍车而徒。

【白话】

初九，装饰自己的脚趾头，舍弃乘坐车马而徒步行走。

【提示】

根据风俗制度和自己的具体情况选择最合适的行为方式。

六二，贲其须。

【白话】

六二，装饰长者的胡须。

【提示】

开始进行表面的修饰，外在调整。

九三，贲如，濡如，永贞吉。

【白话】

九三，装饰得光泽、柔润的样子，长久吉祥。

【提示】

形式的调整（量变）可以引起质变，礼仪、修饰并不是虚浮的。

六四，贲如皤如，白马翰如。匪寇，婚媾。

【白话】

装饰得那样素雅：全身洁白如玉，乘坐着一匹雪白的骏马，轻捷地往前奔驰。前方的人并非敌寇，而是来求婚的。

【提示】

坚守正道，洁身自好，自有福到。

六五，贲于丘园，束帛戋戋，吝，终吉。

【白话】

六五，装饰山丘陵园，质朴无华，只用一束微薄的丝绢；虽可能产生遗憾，然而最终必获吉祥。

【提示】

不重形式，重实质。

上九，白贲，无咎。

【白话】

上九，装饰素白，不喜好华丽，没有祸害。

【提示】

修饰的最高境界其实是质朴、自然。

# 第二十三卦：剥卦

剥：不利有攸往。

【白话】

《剥》卦象征剥落：不利于前去行事。

【提示】

岌岌可危。

初六：剥床以足，蔑，贞凶。

【白话】

初六，剥落床体先由床的最下方床脚部位开始，整个床脚都损坏了，结果必然凶险。

【提示】

基础一旦受损，整体就很危险了。

六二，剥床以辨，蔑，贞凶。

【白话】

六二，床腿剥掉后，又开始剥落床板，以至于整个床板都剥落了，结果必然凶险。

【提示】

危险的程度再增加。

六三，剥之，无咎。

【白话】

六三，虽被剥落，却没有什么灾祸。

【提示】

仍有转机。

六四，剥床以肤，凶。

【白话】

六四，剥蚀到床席了，这样必然会有凶险发生。

【提示】

祸患已经迫在眉睫。

六五，贯鱼以宫人宠，无不利。

【白话】

六五，连成一串鱼，以宫人身份获得宠爱，没有什么不利的。

【提示】

妥善处理小人的问题，不要马上铲除他们，而是给他们安排合适的位子，让他们安分。

上九，硕果不食，君子得舆，小人剥庐。

【白话】

上九，硕大的果实不曾被摘取吃掉。君子得到车马；小人将毁弃房舍。

【提示】

不同做法导致不同命运。

# 第二十四卦：复卦

复：亨。出入无疾，朋来无咎。反覆其道，七日来复。利有攸往。

【白话】

《复》卦象征复归：亨通顺利。外出入内不生病，朋友前来也没有灾难危害。返回复归有一定的运动规律，经过七天就会前来复归。利于前去行事。

【提示】

重现生机。

初九，不远复，无祇悔，元吉。

【白话】

初九，走得不远就复归正道，这样就不会发生灾祸，也不会出现内心的悔恨，必然会获得大吉大利。

【提示】

发现错误，马上改正。

六二，休复，吉。

【白话】

六二，很高兴地回来，很吉利。

【提示】

能尽快返回正道就是很好的事情。

六三，频复，厉，无咎。

【白话】

六三，屡次犯错误却又能屡次改正过错、复归正道，这样虽然有危险，但是最终却不会遇到灾祸。

【提示】

就算屡犯错误，只要总是改，也是好的。

六四，中行独复。

【白话】

六四，半路上独自回来。

【提示】

这种返回最为难得。

六五，敦复，无悔。

【白话】

六五，敦厚忠实地复归正道，内心不会有什么后悔。

【提示】

并不是真的犯了什么错，而是自己通过反省觉得有不适当的地方就马上改正。

上六，迷复，凶，有灾眚。用行师，终有大败；以其国，君凶。至于十年不克征。

【白话】

上六，犯了错误，仍然执迷不悟，不知悔改复归正道，这样必然凶险，会有天灾人祸不断降临发生。在这种情况下，用兵作战，终将一败涂地；用于治国，国君遭受凶险。这样的状况会一直持续下去，长达十年之久，国家不能振兴。

【提示】

不知悔改的悲惨结局。

# 第二十五卦：无妄卦

无妄：元亨，利贞。其匪正有眚，不利有攸往。

【白话】

《无妄》卦象征不妄动妄求：极为亨通顺利，占问有利。然而，如果不能坚守正道的话就会发生祸殃，因而也就不利于前去行事了。

【提示】

就算预测结果是好的，如果虚妄而不坚守正道，还是会有灾害。

初九，无妄往，吉。

【白话】

初九，只要是不妄动妄求的话，那么，前去行事就一定会获得吉祥。

【提示】

要真诚，不虚妄。

六二，不耕获，不菑畬，则利有攸往。

【白话】

六二，不在刚开始耕作时就期望立刻获得丰收，不在荒地刚开垦一年时就期望它立即变成良田，能够这样，才不是妄动妄求，因而利于前去行事。

【提示】

不急于求成，而是尊重客观规律。

六三，无妄之灾，或系之牛，行人之得，邑人之灾。

【白话】

六三，无缘无故而遭受灾祸，好比有人把一头牛拴在村边道路旁，路过的人顺手把牛牵走，同村的人却被怀疑为偷牛的人而蒙受不白之冤。

【提示】

有人得就有人失，人在得到的时候必须保持警惕。

九四，可贞，无咎。

【白话】

九四，能够坚守正道，所以没有灾祸。

【提示】

以不变应万变。

九五，无妄之疾，勿药有喜。

【白话】

九五，不妄动妄求却身染疾病，这种疾病不需要吃药就可以自行消除。

【提示】

行得正坐得稳，遇到意外的灾害不要紧张。

上九，无妄行，有眚，无攸利。

【白话】

上九，不要妄动，如果勉强地行动，就会遭受祸殃，得不到一点好处。

【提示】

不轻举妄动。

# 第二十六卦：大畜卦

大畜：利贞；不家食，吉；利涉大川。

【白话】

《大畜》卦象征大量的畜养积聚：占问有利；不在家里吃闲饭，（而是把才能贡献给国家），这样便可以获得吉祥；利于涉过大河。

【提示】

积蓄德行与学识之后，理应受国家礼遇。

初九，有厉，利已。

【白话】

初九，有危险，这时停下来比较有利。

【提示】

不要轻易冒进。

九二，舆说輹。

【白话】

九二，车子脱去轮轴自动停下来不再前进。

【提示】

停顿也不一定就是坏事。

九三，良马逐，利艰贞；曰闲舆卫，利有攸往。

【白话】

九三，驾着良马奔驰，路虽然艰险，但是占问有利。只有娴熟地掌握了驾车和防卫的本领，才能利于前去行事。

【提示】

越是有才之人越是要警惕急功近利。

六四，童牛之牿，元吉。

【白话】

六四，给小牛的角上装上一块横木，（免得它顶人），这是大吉大利的。

【提示】

对于有毛病的人，一开始就予以纠正，以后就不会为害。

六五，豮豕之牙，吉。

【白话】

六五，阉割的猪口中的牙齿，（不会伤人），吉祥。

【提示】

恶人得到控制，能为我所用。

上九，何天之衢，亨。

【白话】

上九，位处天所赐的交通要道，必然亨通顺利。

【提示】

天赐良机，大有作为。

# 第二十七卦：颐卦

颐：贞吉。观颐，自求口实。

【白话】

《颐》卦象征颐养：只有坚守正道才能获得吉祥；先观察别人是否吃饱，自己再谋求食物。

【提示】

人皆需养，以自养为主。

初九，舍尔灵龟，观我朵颐，凶。

【白话】

初九，舍弃你灵验的乌龟，看着我嚼东西，（窥伺我口中的食物），结果必然导致凶险。

【提示】

舍己求人，没有好结果。

六二，颠颐，拂经于丘颐，征凶。

【白话】

六二，反过来向下属乞求食物以获取奉养，是违背常理的，向上级乞食，则前进的途中必然遭遇凶险。

【提示】

求养的方式不对。

六三，拂颐，贞凶；十年勿用，无攸利。

【白话】

六三，违背颐养的正道，结果必然遭遇凶险，十年不能有所作为，做不好任何事情。

【提示】

媚上贪求，反而不利。

六四，颠颐，吉。虎视眈眈，其欲逐逐，无咎。

【白话】

六四，养生的颠倒，亦为辩证是吉利。如老虎般紧盯着，欲望接连而来，没有灾难。

【提示】

要善于驾轻就熟。

六五，拂经，居贞吉；不可涉大川。

【白话】

六五，违背颐养的正道，但是却能够安然地居于尊位，所以结果吉祥。不适宜渡过大河。

【提示】

用好手下的人。

但是要小心谨慎。

上九，由颐，厉吉，利涉大川。

【白话】

上九，天下百姓都依靠他的养育而得以安居乐业；有危险但是能够获得吉祥，适宜渡过大河。

【提示】

皆有所养，团结一致。

# 第二十八卦：大过卦

大过：栋桡；利有攸往，亨。

【白话】

《大过》卦象征极为过分：房屋的栋梁（因为首尾太过柔弱）而弯曲；利于前去行事，亨通顺利。

【提示】

处在危急时刻，按理处事。

初六，藉用白茅，无咎。

【白话】

初六，用白色的茅草衬垫在器物的下面，不会发生灾祸。

【提示】

更加稳固。

九二，枯杨生稊，老夫得其女妻，无不利。

【白话】

九二，已经枯萎的杨树重新又长出新的枝芽，老年男子娶了位年轻的妻子，这种现象没有什么不利的。

【提示】

危急时刻中蕴含生机。

九三，栋桡，凶。

【白话】

九三，房屋的栋梁弯曲，结果必然发生凶险。

【提示】

不能自立，更难以救世。

九四，栋隆，吉。有它，吝。

【白话】

九四，房屋的栋梁向上隆起，克服了弯曲，可以获得吉祥；不过会有别的困难。

【提示】

站稳脚步，专心用力。

九五，枯杨生华，老妇得其士夫，无咎无誉。

【白话】

九五，已经枯萎的杨树重新又盛开鲜艳的花朵，已经衰老的妇人嫁给了年富力强的男人，这种现象既不会遇到什么祸害，也没有什么值得称道的。

【提示】

暂时能化解危机，但恐不能长久。

上六，过涉灭顶，凶。无咎。

【白话】

上六，涉过深之水以至于淹没了头顶，危险，但最终不会有祸患。

【提示】

竭尽全力，奋力而为。

# 第二十九卦：坎卦

习坎：有孚维心，亨。行有尚。

【白话】

《坎》卦象征重重艰险：像水奔流一样，胸怀坚定的信念，执着专一，内心才能不畏艰险而获得亨通，这种行为必然被人们所崇尚。

【提示】

怀着坚定的信念度过艰险。

初六，习坎，入于坎窞，凶。

【白话】

初六，置身于重重的艰险困难之中，落入到陷坑的最底下，结果必然是凶险的。

【提示】

本想脱离危险，却陷得更深，因为没有找到合适的方法。

九二，坎有险，求小得。

【白话】

九二，仍然处在陷坑之中面临危险，虽不能脱险，但在一定程度上还是可以解决一些小问题的。

【提示】

先求自保。

六三，来之坎坎，险且枕，入于坎窞，勿用。

【白话】

六三，来去都是险阻，面临危险难以得到安全，落入陷坑的最底下，在这种情况下不可轻举妄动。

【提示】

不如安心等待。

六四，樽酒，簋贰，用缶，纳约自牖，终无咎。

【白话】

六四，一樽酒，两簋饭，用瓦缶盛着进献，从窗户送进取出，最终不会发生灾祸。

【提示】

质朴而顺服的态度。

九五，坎不盈，祇既平，无咎。

【白话】

九五，奔流的水还未溢出陷坑，然而却已和陷坑平齐了，还不会发生灾害。

【提示】

警惕居功自傲。

上六，系用徽纆，寘于丛棘，三岁不得，凶。

【白话】

上六，被绳索重重地捆绑住，囚放在荆棘丛生的牢狱中，长达三年不能解脱，十分凶险。

【提示】

处境危险。

# 第三十卦：离卦

离：利贞，亨。畜牝牛吉。

【白话】

《离》卦象征附着：占问有利，亨通；畜养柔顺的母牛，可以获得吉祥。

【提示】

无法独存，必须有所附着。

初九，履错然，敬之，无咎。

【白话】

初九，开始时步子错乱，采取恭敬的态度，无害。

【提示】

以谨慎的态度对待事物，是避灾之道。

六二，黄离，元吉。

【白话】

六二，附着在黄色上，就可以获得大吉大利。

【提示】

依附中正之人。

九三，日昃之离，不鼓缶而歌，则大耋之嗟，凶。

【白话】

九三，夕阳西下，好比人生已入老年，这时如果不能敲着瓦器伴唱高歌，就难免会有垂老之人的哀叹，这样必然遭遇凶险。

【提示】

知道什么时候该停止。

九四，突如其来如，焚如，死如，弃如。

【白话】

九四，突然到来的样子，灼热的样子，没命的样子，被抛弃的样子。

【提示】

最凶险莫过于此。

六五，出涕沱若，戚嗟若，吉。

【白话】

六五，眼泪像泉水一样不停地涌出，忧愁悲伤地叹息，吉祥。

【提示】

低调谨慎，有忧患意识。

上九，王用出征，有嘉折首，获匪其丑，无咎。

【白话】

上九，君主动用军队出兵征伐，建功立业，获得美誉，斩杀敌方首领，捕获不愿归附者，这样做不会发生灾祸。

【提示】

可以采取强硬手段。

# 第三十一卦：咸卦

咸：亨。利贞。取女吉。

【白话】

《咸》卦象征感应：亨通顺利，占问有利；娶妻可以获得吉祥。

【提示】

事物相互感应。

初六，咸其拇。

【白话】

初六，感应发生在脚的拇趾上。

【提示】

已经得到初步的感应。

六二，咸其腓，凶。居吉。

【白话】

六二，感应发生在小腿肚上，（好动）有凶祸；若是安居静处，便可以获得吉祥。

【提示】

此时不可妄动。

九三，咸其股，执其随，往吝。

【白话】

九三，感应发生在大腿上，制止它跟着别人动，前往会有困难。

【提示】

遇到阻力，要有主见。

九四，贞吉，悔亡。憧憧往来，朋从尔思。

【白话】

九四，占问吉祥，没有后悔；人们不断来往，朋友跟从你。

【提示】

秉持诚意待人，不愁别人不认同你。

九五，咸其脢，无悔。

【白话】

九五，感应发生在后背上，没有后悔。

【提示】

还没有感应到心，还不够，只是没有后悔而已。

上六，咸其辅颊舌。

【白话】

上六，感应发生在牙床、脸颊、舌头上。

【提示】

试图以言语表达丰富的感悟，应该有所警惕。

# 第三十二卦：恒卦

恒：亨，无咎，利贞，利有攸往。

【白话】

《恒》卦象征长久：亨通顺利，没有灾祸，占问有利，适宜前去行事。

【提示】

持之以恒。

初六，浚恒，贞凶，无攸利。

【白话】

初六，刨根挖底地深入追求长久之道，结果必然凶险，没有一点好处。

【提示】

虽然要坚持，但不可过于执迷。

九二，悔亡

【白话】

九二，悔恨自行消除。

【提示】

保持中道就能消除悔恨。

九三，不恒其德，或承之羞，贞吝。

【白话】

九三，不能长久地保持美好的品德，总会不时蒙受他人的羞辱，结果难免产生惋惜。

【提示】

不坚持到底的后果。

九四，田无禽。

【白话】

九四，田间狩猎，结果却没有捕获到任何禽兽。

【提示】

不知变通，在不合适的地方顽固坚持，将一无所获。

六五，恒其德，贞，妇人吉，夫子凶。

【白话】

六五，长久地保持柔顺服从的美好品德，永远坚守正道；这样的话，女人可以获得吉祥，男人则遭遇凶险。

【提示】

坚持正道，而又要知变通。

上六，振恒，凶。

【白话】

上六，摇摆不定，不能坚守长久之道，结果必然凶险。

【提示】

浮躁，无操守。

# 第三十三卦：天山卦

遁：亨。小利贞。

【白话】

《遁》卦象征退避：亨通，小事能够成功。

【提示】

以退为进。

初六，遁尾，厉，勿用有攸往。

【白话】

初六，隐退避让错过时机落在了后边，情况非常不好。面对这种情形，应该静观待变而不要有所行动，否则将会更加不利。

【提示】

见机太晚，身陷险境。

六二，执之用黄牛之革，莫之胜说。

【白话】

六二，像用黄牛的皮捆绑起来那样，谁也难以解脱。

【提示】

坚定意志。

九三，系遁，有疾厉；畜臣妾吉。

【白话】

九三，由于被牵累而难以远去，就像疾病缠身那样危险。处在这情况下，就畜养仆人和侍妾，是吉利的。

【提示】

遇困难时要果断。

九四，好遁，君子吉，小人否。

【白话】

九四，可以从容隐退避让而无所拖累。君子吉祥，小人却不会吉祥。

【提示】

小人贪利而做不到合宜的退避。

九五，嘉遁，贞吉。

【白话】

九五，值得嘉许地隐退避让，结果是吉祥的。

【提示】

明辨时势，不贪不恋。

上九，肥遁，无不利。

【白话】

上九，远走高飞那样退避，不会有什么不利。

【提示】

无挂虑，超然物外。

# 第三十四卦：大壮卦

大壮：利贞。

【白话】

《大壮》卦象征十分强盛：坚守正道，将会非常有利。

【提示】

力量强大时，可以扩展事业。

初九，壮于趾，征凶，有孚。

【白话】

初九，阳刚强盛只在脚趾，这时如果有所行动，必然会招来灾祸，但仍然会有所收获。

【提示】

充满强劲动力，但冒进会比较危险。

九二，贞吉。

【白话】

九二，坚守正道而获得吉祥。

【提示】

不冒进，坚守平衡之道。

九三，小人用壮，君子用罔；贞厉。羝羊触藩，羸其角。

【白话】

九三，小人恃强好胜，君子却恰恰相反。（逞强好胜者）结果不会好。就像强壮的大羊去顶触篱笆，结果只会把角卡在篱笆中而难以摆脱。

【提示】

恃强凌弱，没有好结果。

九四，贞吉，悔亡。藩决不羸，壮于大舆之輹。

【白话】

九四，占问有利，悔恨消失；因为阳刚十分强盛，既像篱笆已经崩溃，羊角从系累中解脱出来，又像坚固的车轮能负重载远那样。

【提示】

脱离困境。

六五，丧羊于易，无悔。

【白话】

六五，在边界丢失了羊，却并没有什么可懊悔的。

【提示】

位置不恰当。

上六，羝羊触藩，不能退，不能遂，无攸利；艰则吉。

【白话】

上六，强壮的羊因顶触篱笆而被挂住了角，既不能后退，又不能前进。在这种情况下，要能够忍耐坚持，不被艰难困苦所压垮，就会获得吉祥。

【提示】

忍辱负重，再求发展。

# 第三十五卦：晋卦

晋：康侯用锡马蕃庶，昼日三接。

【白话】

《晋》卦象征长进：就像才干出众的公侯得到了天子的赏识，不仅赐给他许多车马，而且在一天之内多次接见他。

【提示】

进展顺利，形势大好。

初六，晋如摧如，贞吉。罔孚，裕无咎。

【白话】

初六，前进着，摧毁着，占问吉祥。虽未受信任，但余地充裕而没有什么灾难。

【提示】

独立行动而正确。

六二，晋如愁如，贞吉。受兹介福，于其王母。

【白话】

六二，前进时充满忧愁思虑，但是如果能坚守正道，始终如一，将会吉祥如意。而且会获得极大的恩惠和福泽，是王母赐给他的。

【提示】

坚守正道，虽有忧虑，最后仍然可以得福。

六三，众允，悔亡。

【白话】

六三，已经得到了众人的认可和赞同，努力进取，悔恨将会消失。

【提示】

这其实是一直坚守正道前进的结果。

九四，晋如鼫鼠，贞厉。

【白话】

九四，向上走，但像那既贪婪、又怕人，而且没有什么专长的硕鼠一样，会有灾祸。

【提示】

贪婪但无所成。

六五，悔亡，失得勿恤；往吉，无不利。

【白话】

六五，悔恨已经消失，也有不用考虑得失的问题。只要勇往直前，就会吉祥如意，所有的一切都变得那样的顺利。

【提示】

不要患得患失。

上九，晋其角，维用伐邑，厉吉，无咎，贞吝。

【白话】

上九，向前迈进似乎已经达到了顶点，就像到达兽角尖上一样，盛大的气象已不复存在了。只有像讨伐自己的属国那样进行内部整顿，危险但是吉祥，没有过失。但即使如此，它以后的发展趋势也只能是越来越差。

【提示】

继续前进，前景堪忧。

# 第三十六卦：明夷卦

明夷：利艰贞。

【白话】

《明夷》卦象征光明受阻：但在艰难困苦中坚守正道，有利。

【提示】

危险的情况下要从容应对。

初九，明夷于飞，垂其翼。君子于行，三日不食。有攸往，主人有言。

【白话】

初九，在昏暗中飞翔，垂下翅膀。君子出行，三天不吃东西。有所前往，主人说出责备的话。

【提示】

为形势所迫，韬光养晦。

六二，明夷，夷于左股，用拯马壮，吉。

【白话】

六二，明夷卦，处在这种光明被阻的情况下，就像伤了左大腿一样，如果能借用好马，增加自己的力量，将会是有利的。

【提示】

获得救援而脱险。

九三，明夷于南狩，得其大首，不可疾贞。

【白话】

九三，在光明受阻的情况下，到南方去巡狩，获得大首领。但是应该注意不要操之过急，要能够坚守正道。

【提示】

冲破昏暗迷乱的局面，但是不能纠正过激。

六四，入于左腹，获明夷之心，于出门庭。

【白话】

六四，进入内部腹地，能够深入了解光明被阻的内中情况，于是坚定地跨出门庭，离开这里。

【提示】

果断离开。

六五，箕子之明夷，利贞。

【白话】

六五，应效仿箕子那种在黑暗中自掩其聪明才智的做法，这样做有利于坚守正道。

【提示】

韬光养晦

上六，不明晦，初登于天，后入于地。

【白话】

上六，不但没有光明，反而带来黑暗。刚开始时升起在天空，而后来却堕入地下。

【提示】

由好变坏，令人扼腕。

# 第三十七卦：家人卦

家人：利女贞。

【白话】

《家人》卦象征家庭：特别注重女人在家中的作用，如果她能够坚守正道，始终如一，将会非常有利。

【提示】

女主内，家庭成员各守其位，家道就正。

初九，闲有家，悔亡。

【白话】

初九，家中做好防范措施，没有悔恨。

【提示】

防患于未然。

六二，无攸遂，在中馈，贞吉。

【白话】

六二，不要自作主张，能够料理好家中的饮食起居就行了，结果一定是吉祥的。

【提示】

顺势安分。

九三，家人嗃嗃，悔厉吉；妇子嘻嘻，终吝。

【白话】

九三，由于治家严厉，使得家里人承受不了而怨言丛生，这样做虽然有过失，会带来麻烦，但是从长远看，最终会得到吉祥的。可是如果不能从严治家，听凭妇人和孩子们随心所欲，最终的发展结果却不会好。

【提示】

治家从严不从宽。

六四，富家，大吉。

【白话】

六四，能够使家中的财富增加，就一定会非常吉祥如意。

【提示】

改善基础条件，方解吉祥如意。

九五，王假有家，勿恤，吉。

【白话】

九五，君王扩大了家的意义——以天下为家，不必忧虑，结果是吉祥的。

【提示】

和睦相处。

上九，有孚威如，终吉。

【白话】

上九，治家的根本在于诚实有信，树立起威信，结果一定会获得吉祥。

【提示】

家长要有威信。

# 第三十八卦：睽卦

睽；小事吉。

【白话】

《睽》卦象征对立；做小事吉祥。

【提示】

讲述求同存异的道理。

初九，悔亡。丧马，勿逐自复。见恶人，无咎。

【白话】

初九，悔恨消失；跑掉的马不要追寻，它自己就会回来。见到同自己对立敌视的人，不会有什么祸患。

【提示】

遇见与自己立场相异的人，不必如临大敌。

九二，遇主于巷，无咎。

【白话】

九二，在小巷中碰到了居于高位者，虽然不合常规，但是却没有什么危险和灾难。

【提示】

遇见比自己地位高的人，也不必担忧。

六三，见舆曳，其牛掣，其人天且劓，无初有终。

【白话】

六三，车子想往前拉，牛却往后拖，处境极为困难；车夫受了除掉头发和割掉鼻子的刑罚；虽然开始时是这样的困难和难以相合，但最终还是可以达到自己的目的的。

【提示】

两难处境，但结局未必不好。

九四，睽孤；遇元夫，交孚，厉无咎。

【白话】

九四，到处都是对立，孤独无援，但正好遇到了一位充满阳刚之气的大丈夫，互相信任，虽有危险，但却能免去灾祸。

【提示】

遇到志同道合者，事业得以推进。

六五，悔亡，厥宗噬肤，往何咎？

【白话】

六五，悔恨消失，他的宗族在吃肉，前去能有什么危害呢？

【提示】

将有喜庆的事情。

上九，睽孤，见豕负涂，载鬼一车，先张之弧，后说之弧；匪寇，婚媾；往遇雨则吉。

【白话】

上九，对立已达到了顶点，似乎看到一只沾满污泥的猪和装满了鬼的车子，于是就拉开了弓准备对付它，但是后来又放下了弓。因为冷静下来一看，发现并不是强盗，而是来求婚配的。前去遇到下雨就很吉祥。

【提示】

猜忌消失了。

# 第三十九卦：蹇卦

蹇：利西南，不利东北；利见大人，贞吉。

【白话】

《蹇》卦，象征陷入困境，难以前进；面对这种情况，利于向西南行动，不利于向东北行动。适宜见到大人物，占问吉祥。

【提示】

身处险境，寻找突破。

初六，往蹇，来誉。

【白话】

初六，前进将会进入险境，后退将得到赞美。

【提示】

积蓄力量，等待时机。

六二，王臣蹇蹇，匪躬之故。

【白话】

六二，臣子遇到重重险阻，但他不是为了自己。

【提示】

任劳任怨。

九三，往蹇，来反。

【白话】

九三，前进陷于危难，最好还是退回原地，不要再继续往前走了。

【提示】

以退为进。

六四，往蹇，来连。

【白话】

六四，前往的时候有苦难，回来的时候有车坐。

【提示】

宜退不宜进。

九五，大蹇，朋来。

【白话】

九五，处境极为艰难，却有众多的人来协助他渡过危难。

【提示】

联合力量，共渡难关。

上六，往蹇，来硕，吉，利见大人。

【白话】

上六，如果前进就会陷入险境，退回来却可以大有收获；这样做就会吉祥如意；适宜见到大人物。

【提示】

与贤德之士共进。

# 第四十卦：解卦

解：利西南；无所往，其来复吉；有攸往，夙吉。

【白话】

《解》卦象征着灾祸危难的疏解：利于往西南方行事。如果没有好去处，返回来就吉祥。要是有好去的地方，早些去吉祥。

【提示】

大难缓解后的所作所为。

初六，无咎。

【白话】

初六，是没有什么过失和不当的。

【提示】

开始展现化解险难的效果。

九二，田获三狐，得黄矢，贞吉。

【白话】

九二，打猎时捕获许多只狐狸，又（从它们身上）得到了黄色箭头，占问吉祥。

【提示】

彼此的怀疑戒备解除了。

六三，负且乘，致寇至；贞吝。

【白话】

六三，肩扛着沉重的东西，却又坐在华丽的大车上，（由于地位和身份不相称），必然招来强盗。占问有艰难。

【提示】

不具备坐在那个位子的才干，当然会招来怨嫉。

九四，解而拇，朋至斯孚。

【白话】

九四，像放开你的脚，朋友来到才会有诚信。

【提示】

远离小人，高朋自来。

六五，君子维有解，吉，有孚于小人。

【白话】

六五，君子只有化解怨恨，才会有吉祥如意；同时，也只有这样，才有可能去赢得小人的信服。

【提示】

事业要取得成功也需要得到小人的支持。

上六，公用射隼于高墉之上，获之，无不利。

【白话】

上六，王公用箭去射那盘踞在高城上的恶鸟，抓到它，没有什么不利的。

【提示】

解除危险需要铲除悖逆的人。

# 第四十一卦：损卦

损：有孚，元吉，无咎，可贞，利有攸往。曷之用？二簋可用享。

【白话】

《损》卦象征减损：内心有诚意，最为吉祥，不会招来祸患，可以坚守正道，利于前去行事。用什么（祭祀神灵）呢？两簋（古代盛食物的器具）粗淡的食物就足够了。

【提示】

以减损（吃小亏）来表达诚意。

初九，已事遄往，无咎。酌损之。

【白话】

初九，这件事情做好了赶快前往，不会有灾难临头。要酌量减损。

【提示】

用损要经常随形势变化。

九二，利贞，征凶，弗损益之。

【白话】

九二，占问有利，前进会有凶险；不要减损，反而要增补他。

【提示】

该减的时候要减，该增的时候要增，相机而行。

六三，三人行，则损一人，一人行，则得其友。

【白话】

六三，三个人一同前进，会使一个人受到伤害；一个人独自行动，就会专心一意地寻求伙伴，最终必定能遇到志同道合的朋友。

【提示】

三人行彼此间容易产生猜忌，所以有时候并不是人越多越好。

六四，损其疾，使遄有喜，无咎。

【白话】

六四，减损他的疾病，让他赶快有喜庆，不会有任何灾祸。

【提示】

与人方便，自己方便。

六五，或益之十朋之龟，弗克违，元吉。

【白话】

六五，有人送来价值十朋（古时候货币单位，双贝为一朋）的大宝龟，想推辞都不行，大吉大利。

【提示】

无心逐利，反有人赠。

损己助人，实乃助己。

上九，弗损益之，无咎，贞吉，利有攸往，得臣无家。

【白话】

上九，不要减损，而要增益；没有一点灾患，占卜的结果十分吉利，适宜有所前往，得到臣民，天下如同一家。

【提示】

无私忘我，大吉大利。

# 第四十二卦：益卦

益：利有攸往。利涉大川。

【白话】

《益》卦象征增益：适宜前去行事，适宜渡过大河。

【提示】

抓住机遇，积极进取，获取正当利益。

初九，利用为大作，元吉，无咎。

【白话】

初九，适宜大显身手干一番事业，最为吉祥，没有灾难。

【提示】

要得到大收益就必须肩负大任。

六二，或益之十朋之龟，弗克违，永贞吉。王用享于帝，吉。

【白话】

六二，有人送来价值昂贵的大乌龟，没有办法辞让，在任何时候占卜，其结果永远是吉祥如意；君王祭祀天帝，吉祥。

【提示】

所得增益是从外部、别人那里来的。

六三，益之用凶事，无咎。有孚中行，告公用圭。

【白话】

六三，将所得到的好处用来帮助他人解除危难和灾祸，这样才不会引起麻烦；有诚信而按照中庸之道行事，进见王公贵人时，一定要手执象征虔诚守信的圭玉。

【提示】

增益既然来自外部，自然也该用于为外部谋福。

六四，中行，告公从，利用为依迁国。

【白话】

六四，采取温和宽厚的中正态度行事，有事求告于王公，王公会很乐意听从，此时最有利于借助王公的威望来决定迁徙国都这样的大事。

【提示】

善行平衡之道，并善于抓住时机。

九五，有孚惠心，勿问元吉。有孚惠我德。

【白话】

九五，满腹虔诚地怀着一颗使天下人受惠的仁慈之心，不用占卜问卦就知道是大吉大利。天下人必然也都虔诚地怀着施惠于我、感我恩德的心愿。

【提示】

将心比心。

上九，莫益之，或击之；立心勿恒，凶。

【白话】

上九，没有谁来让他受益，倒是有人来攻击他；所立定的心意却不能持之以恒，有危险。

【提示】

越是贪得无厌，越是没有人愿意来满足他的欲求。

# 第四十三卦：夬卦

夬：扬于王庭，孚号有厉，告自邑，不利即戎，利有攸往。

【白话】

《夬》卦象征果决：在君王的朝廷上揭露小人的罪行，诚心实意地大声疾呼，告诫人们危险依然存在；从封邑传来消息，不适宜出兵作战；适宜前往其他地方。

【提示】

应当果断与丑恶势力做斗争。

初九，壮于前趾，往不胜为咎。

【白话】

初九，前面的脚趾粗壮，（贸然前去），不能胜利就会遇到灾祸。

【提示】

斗争要果断，但是不能冒进。

九二，惕号，莫夜有戎，勿恤。

【白话】

九二，警惕呼号，深夜里小人来犯，用不着担忧。

【提示】

时刻保持警惕就不怕敌人偷袭。

九三，壮于頄，有凶。君子夬夬独行，遇雨若濡，有愠无咎。

【白话】

九三，颧骨高突，怒容满面，（去与小人较量）必然有凶险；若是以君子气度毅然决然地前去，即使遇上大雨浑身湿透而心怀恼怒，也不会有任何灾祸。

【提示】

不可莽撞行事。

九四，臀无肤，其行次且；牵羊悔亡，闻言不信。

【白话】

九四，屁股上没有肉，行路艰难；若是牵着羊行走，就不会出现令人后悔的事，无奈听了这话的人并不相信。

【提示】

干脆果断，不要顾虑重重。

九五，苋陆夬夬中行，无咎。

【白话】

九五，毅然决然地做出决断，惩处小人就像铲除苋陆草一样，（但是也不宜过于决绝），注意时时信守平衡之道，就不会遇到灾祸。

【提示】

讲究果断却不能走极端，不然会激起怨恨报复。

上六，无号，终有凶。

【白话】

上六，不用哭天号地，最终必然有凶险临头。

【提示】

邪不压正，最后坏的东西必然被推翻。

# 第四十四卦：天风卦

姤：女壮，勿用取女。

【白话】

《姤》卦象征相遇：女子过分强壮，不适合娶来做妻子。

【提示】

相逢的机遇，要自然不可牵强。

初六，系于金柅，贞吉。有攸往，见凶，羸豕孚蹢躅。

【白话】

初六，绑上坚固结实的车闸，占卜结果会很吉祥；前去行事，会遇到凶险，瘦弱的猪躁动徘徊。

【提示】

对于内心摇摆不定的弱者，要采取措施坚定他的心志。

九二，包有鱼，无咎，不利宾。

【白话】

九二，厨房里发现鱼，不会有灾祸，但不利于拿来宴请宾客。

【提示】

对自己有好处。

九三，臀无肤，其行次且，厉，无大咎。

【白话】

九三，屁股上没有皮肤，走起路来很困难；会遇到危险，但不会有大的灾祸。

【提示】

少安毋躁。

九四，包无鱼，起凶。

【白话】

九四，厨房里没有鱼，发起行动会发生凶险。

【提示】

不可强求，顺其自然，瓜熟蒂落。

九五，以杞包瓜，含章，有陨自天。

【白话】

九五，用杞树枝叶包住甜瓜，好比内心怀着美好的品德，不必奔忙，称心的机遇就会自天而降。

【提示】

桃李不言，下自成蹊。

上九，姤其角，吝，无咎。

【白话】

上九，遇到野兽的角，处境艰难，不过也不会有大的灾祸。

【提示】

有苦难，但是灾难不会马上发生。

## 第四十五卦：萃卦

萃：亨，王假有庙，利见大人，亨利贞。用大牲吉，利有攸往。

【白话】

《萃》卦象征聚合：要祭祀，君王来到宗庙，适宜见到德高望重的大人物，占问有利；用牛羊等大的祭品献祭能够带来吉祥如意，适宜前去行事。

【提示】

聚集的时候要适宜行事，以保持团结，长久稳定。

初六，有孚不终，乃乱乃萃，若号，一握为笑，勿恤，往无咎。

【白话】

初六，如果有所信任而不能始终如一，各种乱子就会发生而凑到一起；众人喧哗呼号，只要彼此握手就能化众怒为欢笑；用不着担忧，前去行事不会遇到灾祸。

【提示】

一心一意。

六二，引吉，无咎；孚乃利用禴。

【白话】

六二，引向吉祥，就没有害处；只要内心怀着虔诚，即使举行微薄的禴祭（即春祭，古代四季祭祀之一）也能带来吉祥。

【提示】

重点在于诚信，在于真实的心意。

六三，萃如嗟如，无攸利。往无咎，小吝。

【白话】

六三，聚集的样子，叹息的样子，干什么都不会顺利；前去行事不会遇到灾祸，只有一点小小麻烦。

【提示】

聚集在一起，却并不顺利，还没有团结一心。

九四，大吉，无咎。

【白话】

九四，大吉大利，没有灾祸。

【提示】

虽然聚集在一起，但是如果不受人爱戴，也只能做到没有灾害而已。

九五，萃有位，无咎，匪孚。元永贞，悔亡。

【白话】

九五，当万方聚合之时居于尊贵的高位，不会遇到灾难，但缺乏诚信；如果一直保持正固，悔恨就会消失。

【提示】

不可空有其位，没有德行。

上六，赍咨涕洟，无咎。

【白话】

上六，唉声叹气而又哭哭啼啼，不会遇到灾祸。

【提示】

处境艰难，惴惴不安，挫折连连，但无大害。

# 第四十六卦：升卦

升：元亨，用见大人，勿恤，南征吉。

【白话】

《升》卦象征上升：大通顺，宜于出现权高位尊的大人物，用不着忧虑，向南方出征会带来吉祥。

【提示】

助你升迁，扩张事业。

初六，允升，大吉。

【白话】

初六，由信赖而升迁，大吉大利。

【提示】

求升迁也要行正道。

九二，孚乃利用禴，无咎。

【白话】

九二，内心恭敬虔诚，即使微薄的禴祭也可以感动神灵，免除灾祸。

【提示】

重在心诚。

九三，升虚邑。

【白话】

九三，上升到空旷的城邑，（如入无人之境）。

【提示】

一往无前。

六四，王用亨于岐山，吉，无咎。

【白话】

六四，君王到岐山祭祀神灵，吉祥如意，没有灾祸。

【提示】

顺势而为。

六五，贞吉，升阶。

【白话】

六五，占卜结果吉祥如意，登上台阶。

【提示】

步步为营，一步步上升。

上六，冥升，利于不息之贞。

【白话】

上六，在昏暗幽冥状态下依然上升，只有坚持不懈地保持纯正品性，才能获得好的结果。

【提示】

在任何状况下都奋进不止。

# 第四十七卦：困卦

困：亨。贞大人吉，无咎。有言不信。

【白话】

《困》卦象征困顿：亨通；占卜结果表明，大人物吉祥，没有灾祸；说了话没有人相信。

【提示】

困境中要力求寻找转机。

初六，臀困于株木，入于幽谷，三岁不觌。

【白话】

初六，屁股卡在木桩上坐立不安，退隐到幽深的山谷里，三年不与外人相见。

【提示】

处境不好，昏暗不明。

九二，困于酒食，朱绂方来，利用享祀。征凶，无咎。

【白话】

九二，困于醇酒美食中，大红官服刚刚送来，应当用来祭祀神灵；前进会有凶祸，但是没有灾难。

【提示】

不会久处于穷困之中。

六三，困于石，据于蒺藜，入于其宫，不见其妻，凶。

【白话】

六三，受困于乱石中，站在蒺藜之上；刚刚回到家中，又不见了自家妻室，凶险接二连三来到身边。

【提示】

在不该摔跤的地方摔跤，不该抓的东西去乱抓，所以陷入困境。

九四，来徐徐，困于金车，吝，有终。

【白话】

九四，要慢慢走，受困于金车之中，会遇到一些困难，但最终会有好的结局。

【提示】

循序渐进。

九五，劓刖，困于赤绂；乃徐有说，利用祭祀。

【白话】

九五，鼻子被割去，膝盖被挖去，受困于红色官服之中。但只要慢慢行动，就可以脱离困境，适宜举行祭祀。

【提示】

坚定意志，继续努力。

上六，困于葛藟，于臲卼。曰动悔有悔，征吉。

【白话】

上六，困在纷乱缠绕的葛藤中，身临摇摇欲坠的山石之间，假如说动辄会后悔，那就早点行动，让悔悟快点到来，向前进军会迎来吉祥。

【提示】

果断行动。

# 第四十八卦：井卦

井：改邑不改井，无丧无得。往来井井。汔至，亦未繘井，羸其瓶，凶。

【白话】

《井》卦象征无穷：改变迁移城邑但不能移动水井。没有丧失也没有获得，来往的人井然有序。提水提到井口眼看就要上来了，却把水瓶打翻了，这是凶险的兆头。

【提示】

利用外界事物不断充实自己。

初六，井泥不食，旧井无禽。

【白话】

初六，井底淤满了污泥不能供人饮用，年久失修的老井连鸟雀都不来光顾。

【提示】

与外界关系不好，有被弃置的感觉。

九二，井谷射鲋，瓮敝漏。

【白话】

九二，井底容水的凹穴被当作捉鱼的场所，汲水的瓮也破损漏水不能再用。

【提示】

没有物尽其用。

九三，井渫不食，为我心恻。可用汲，王明并受其福。

【白话】

九三，井水淘干净了却不饮用，使我心中不免失望；可以赶快汲来尽情享用，君王贤明是大家共同的福气。

【提示】

不要浪费自己拥有的有利条件。

六四，井甃，无咎。

【白话】

六四，井壁砌好了，不会遇到灾祸。

【提示】

做好铺垫基础工作，以备日后之用。

九五，井洌，寒泉食。

【白话】

九五，井水清澈明净，就像甘甜凉爽的泉水一样可供天下人饮用。

【提示】

准备工作都已做好，现在要充分利用这些条件了。

上六，井收勿幕，有孚元吉。

【白话】

上六，水井养人润物的功德业已完成，不要盖上井口；内心怀着一片诚意，定能带来大吉大利。

【提示】

在自己获取利益的时候不要忘了也为他人谋福祇。

# 第四十九卦：革卦

革：己日乃孚，元亨，利贞，悔亡。

【白话】

《革》卦象征变革：到了己日才有诚信，前途通畅，坚守正道，最后就会取得成功，悔恨终将会消释。

【提示】

抓住时机，促成质变。

初九，巩用黄牛之革。

【白话】

初九，应该用黄牛皮的绳子牢牢地捆绑住。

【提示】

动力强但是时机还不成熟，先要牢牢稳住。

六二，己日乃革之，征吉，无咎。

【白话】

六二，在己日进行变革，前进吉祥，不会有灾祸。

【提示】

在合适的时机下变化。

九三，征凶，贞厉。革言三就，有孚。

【白话】

九三，急进会发生凶祸，占卜有危险；对于变革的言论，要多次研究周密考虑，赢得人们的信赖，就可以进行变革了。

【提示】

不能冒进，对于变革要慎重而行。

九四，悔亡，有孚改命，吉。

【白话】

九四，悔恨已经消释，有诚信，革除旧的事物，这样做是吉祥的。

【提示】

变革也需要诚信，这样才有人信任支持。

九五，大人虎变，未占有孚。

【白话】

九五，伟大的人物像猛虎一般进行变革，未曾占问就有人相信。

【提示】

自然获得别人的信任，愿意跟随他进行变革。

上六，君子豹变，小人革面，征凶，居贞吉。

【白话】

上六，君子改变而形貌不变，连小人也改变面貌；急进会有凶险，居而守正可以得到吉祥。

【提示】

对于一般人来说，先让他们改变外在的表面的东西，也是好的。

# 第五十卦：鼎卦

鼎：元吉，亨。

【白话】

《鼎》卦象征革故鼎新：十分吉祥，亨通。

【提示】

改革创新，力争成就。

初六，鼎颠趾，利出否。得妾以其子，无咎。

【白话】

初六，烹饪食物的鼎足颠翻，却顺利地倒出了鼎中陈积的污秽之物；就好像娶妾可以生子一样，（低贱可以变为高贵），不会发生灾祸。

【提示】

只要够条件，并不在乎起点。

九二，鼎有实，我仇有疾，不我能即，吉。

【白话】

九二，鼎中盛满了烹饪的食物，好比一个人有才干；我的对立面患了病，没有办法接近我，是吉祥的。

【提示】

自己有实力，对手也不能把我怎么样。

九三，鼎耳革，其行塞，雉膏不食，方雨，亏悔，终吉。

【白话】

九三，鼎器的耳部坏了，行动受到困阻，吃不到精美的野鸡肉；天正下雨，（落到鼎里），美味亏损，让人懊悔，最后还是可以获得吉祥。

【提示】

柳暗花明又一村。

九四，鼎折足，覆公餗，其形渥，凶。

【白话】

九四，鼎的足折断了，王公鼎里的粥饭倾倒出来了，鼎身也弄脏了，凶险。

【提示】

能力不足而勉强行事，很容易就拖累到自己。

六五，鼎黄耳金铉，利贞。

【白话】

六五，鼎配上黄色的鼎耳，插上坚固的扛鼎之器，占问有利。

【提示】

有好帮手辅助，结果会很好。

上九，鼎玉铉，大吉，无不利。

【白话】

上九，鼎配上玉制的鼎杠，十分吉祥，不会有什么不利。

【提示】

温润如玉，任何情况下都应保持中和。

# 第五十一卦：震卦

震：亨。震来虩虩，笑言哑哑，震惊百里，不丧匕鬯。

【白话】

《震》卦象征震动的雷声：可致亨通。当惊雷震动的时候，有恐惧不安的，有言笑如故；即使雷声震惊百里之遥，主管祭祀的人却能做到从容不迫，手中的匙和酒都未失落。

【提示】

保持镇静，应付事变。

初九，震来虩虩，后笑言哑哑，吉。

【白话】

初九，当惊雷震动的时候，天下万物都感到恐惧，君子亦应知恐惧而修省；当惊雷震动的时候，君子亦应言笑自若，结果是吉祥的。

【提示】

谨慎、从容。

六二，震来厉，亿丧贝，跻于九陵，勿逐，七日得。

【白话】

六二，惊雷震动，有危难；丢失大量金钱，应当攀登到高高的九陵上边去躲避，不去追寻它，待到七天自会失而复得。

【提示】

遇到突发变故不要钻牛角尖，要等待转机。

六三，震苏苏，震行无眚。

【白话】

六三，雷震动时虽微微发抖，但是因为震惧而能谨慎行事，因此不会有灾异。

【提示】

恐惧可以让人提高警惕。

九四，震遂泥。

【白话】

九四，由于雷震动而坠陷泥污中，不能自拔。

【提示】

陷入极其危险的境地。

六五，震往来，厉，亿无丧，有事。

【白话】

六五，雷一去一来，危险；谨守中道就不会有太大损失，宗庙社稷也可以长盛不衰。

【提示】

掌握好应对法则，再危险的境地都能渡过。

上六，震索索，视矍矍，征凶。震不于其躬，于其邻，无咎。婚媾有言。

【白话】

上六，由于雷震动恐惧而畏缩不前，两眼旁视而不安，如果行动就会有凶险；雷震没有打到自己身上，而在邻居身上，无害；涉及婚配之事则将会产生言语纷争。

【提示】

看见别人遭殃而心有戚戚焉，提醒自己更要提高警惕。

# 第五十二卦：艮卦

艮：艮其背，不获其身；行其庭，不见其人，无咎。

【白话】

《艮》卦象征静止：止于背部，没有获得身体；就好像在庭院里行走，没有见到人，不会受害。

【提示】

急流勇退，见好就收。

初六，艮其趾，无咎，利永贞。

【白话】

初六，止住脚趾，这样就不会受害，适宜长久坚守正道。

【提示】

莫轻举妄动。

六二，艮其腓，不拯其随，其心不快。

【白话】

六二，抑止人的小腿的行动，不能提起小腿跟随别人，他的心中是不会快乐的。

【提示】

不能自己行动，由人摆布。

九三，艮其限，列其夤，厉熏心。

【白话】

九三，抑止腰部的行动，断裂脊背的肉，有危险而忧心如焚。

【提示】

要在适当的地方静止，而不是在不应当静止的地方。

六四，艮其身，无咎。

【白话】

六四，止住身体，不会受害。

【提示】

淡泊无履，浑然物外。

六五，艮其辅，言有序，悔亡。

【白话】

六五，止住口不随便乱说，说话很有条理，悔恨将会消失。

【提示】

不妄言，不惹祸。

上九，敦艮，吉。

【白话】

上九，实实在在地止住，吉祥。

【提示】

以淳朴的大道化育万物。

# 第五十三卦：渐卦

渐：女归吉，利贞。

【白话】

《渐》卦象征循序渐进：女子出嫁吉利。占问有利。

【提示】

化敌对势力为我用。

初六，鸿渐于干。小子厉，有言，无咎。

【白话】

初六，鸿雁飞起来逐渐前进到水涯旁边；年幼无知的孩子有危难，受到言语中伤，没有灾难。

【提示】

在恶言相向的情况下镇定自若。

六二，鸿渐于磐，饮食衎衎，吉。

【白话】

六二，鸿雁飞起来逐渐前进到安稳的磐石之上，饮食和乐，吉祥。

【提示】

不是无功而受禄，所以喜乐。

九三，鸿渐于陆。夫征不复，妇孕不育，凶。利御寇。

【白话】

九三，鸿雁飞起来逐渐前进到较平的山顶。丈夫远去出征而不复还，他的妻子怀孕难以生育，这当然是凶险的事；适宜抵抗强盗。

【提示】

到了好的位置却不珍惜。

打江山容易守江山不易。

六四，鸿渐于木，或得其桷，无咎。

【白话】

六四，鸿雁飞起来逐渐前进到高树之上，或许能找到较平的枝杈得以栖息，没有灾难。

【提示】

渐进而上。

九五，鸿渐于陵，妇三岁不孕，终莫之胜，吉。

【白话】

九五，鸿雁飞起来逐渐前进到丘陵上，妻子三年没有怀孕；但毕竟不能侮辱他，因此最终得到吉祥。

【提示】

邪不压正。

上九，鸿渐于陆，其羽可用为仪，吉。

【白话】

上九，鸿雁飞起来逐渐前进到高山之上，漂亮的羽毛可以作为典礼上洁美的装饰品，吉祥。

【提示】

逐步跨越障碍，终于到达自己想要的高度。

# 第五十四卦：归妹卦

归妹：征凶，无攸利。

【白话】

《归妹》卦象征婚嫁：前进有凶祸，没有什么适宜的事。

【提示】

男女婚姻需要注意的事情。

初九，归妹以娣。跛能履，征吉。

【白话】

初九，嫁妹妹时以娣陪嫁，跛脚了还能行走，前进可获得吉祥。

【提示】

正室与陪嫁之间互相辅助，使得姻亲关系维持长久。

九二，眇能视，利幽人之贞。

【白话】

九二，眼睛一瞎一明仍能看到东西，适宜幽居，占问的结果是好的。

【提示】

恬然静身，不躁动争宠。

六三，归妹以须，反归以娣。

【白话】

六三，嫁妹妹时，以妾陪嫁，还要回去再以娣陪嫁。

【提示】

依循正途。

九四，归妹愆期，迟归有时。

【白话】

九四，待嫁少女错过出嫁的时机，延迟日期待嫁，静等好的时机。

【提示】

坦然坚定，耐心等待。

六五，帝乙归妹，其君之袂不如其娣之袂良。月几望，吉。

【白话】

六五，帝乙嫁出少女，正房的服饰，反不如偏房的服饰艳丽华美；月近十五将要圆了，吉祥。

【提示】

地处尊位，然而柔顺，不骄傲。

上六，女承筐，无实；士刲羊，无血。无攸利。

【白话】

上六，女子的筐篮里空空荡荡，男子用刀宰羊却不见出血。没有利益。

【提示】

不务虚名，不能失于职守。

# 第五十五卦：丰卦

丰：亨，王假之。勿忧，宜日中。

【白话】

《丰》卦象征盛大丰满：祭祀，君王到庙里面去；不用忧愁，适宜太阳在正午的时候祭祀。

【提示】

充分发展自身力量，以达到理想境界。

初九，遇其配主，虽旬无咎，往有尚。

【白话】

初九，遇见与自己搭配的主人。彼此平等，没有灾难。前往会有好事。

【提示】

主、雇协调，求同存异，同舟共济。

六二，丰其蔀，日中见斗。往得疑疾；有孚发若，吉。

【白话】

六二，光明遭到云的蒙蔽，明亮的白天却看到了星星，前往行事会被猜疑；如果能以自己的至诚之心去启迪，那么最后是能获得吉祥的。

【提示】

遇到猜疑仍然要以诚相待，相信公道自在人心。

九三，丰其沛，日中见沫，折其右肱，无咎。

【白话】

九三，光明被云遮掩，明亮的白天看见了小星星；好比右臂被折断而难以有所作为，但终究不会受害。

【提示】

形势不利，干不了什么大事。

九四，丰其蔀，日中见斗，遇其夷主，吉。

【白话】

九四，光明遭到云的蒙蔽，亮的白天却看到了夜晚的北斗星；但若遇到与自己平等的主人还是会吉祥的。

【提示】

遇到怎样的上级非常重要。

六五，来章，有庆誉，吉。

【白话】

六五，光明来到，（得到了良将贤臣），会有喜庆和美誉，吉祥。

【提示】

任用贤能，才能获得好的事业。

上六，丰其屋，蔀其家，窥其户，阒其无人，三岁不觌，凶。

【白话】

上六，房屋高大，蒙蔽居室，窥视窗户，寂静而无人，三年之久仍不见人，自蔽孤立，定有凶险。

【提示】

不可自作聪明，被假象蒙蔽。

# 第五十六卦：旅卦

旅：小亨，旅贞吉。

【白话】

《旅》卦象征旅行：小心谦顺可以亨通，占问旅行结果吉利。

【提示】

颠沛流离，不懈努力，以图后举。

初六，旅琐琐，斯其所取灾。

【白话】

初六，旅行之时猥琐不堪，这是自己招来的灾祸。

【提示】

没有大志，只关注鸡毛蒜皮的小事，最后会坏事。

六二，旅即次，怀其资，得童仆，贞。

【白话】

六二，旅客住在旅舍，携带钱财，有童仆照顾，占问结果吉利。

【提示】

内心安定，并有基本的使自己安身的条件，就算奔波在外也无须担心。

九三，旅焚其次，丧其童仆，贞厉。

【白话】

九三，旅途中住处失火，失去了童仆，占卜结果凶险。

【提示】

正好与六二爻相反，灾祸显现。

九四，旅于处，得其资斧，我心不快。

【白话】

九四，身处异乡暂为栖身，虽然得到路费与用具，但我的心情仍然不愉快。

【提示】

没有得到适当的位置，所以心里不满。

六五，射雉，一矢亡，终以誉命。

【白话】

六五，射野鸡，丧失一支箭；但最终获得荣誉和爵位。

【提示】

耐心等待，以图后举。

上九，鸟焚其巢，旅人先笑后号咷；丧牛于易，凶。

【白话】

上九，鸟巢失火被烧掉，行旅之人先大笑后来大哭；在边界丢失了牛，有凶险。

【提示】

流落在外时，不应当仍旧把自己放在高位，（容易像鸟巢一样被烧），而要谦恭驯顺以保全自己。

# 第五十七卦：巽卦

巽：小亨，利有攸往，利见大人。

【白话】

《巽》卦象征顺从：稍有通达，适宜有所前往，适宜见大人物。

【提示】

自然而为，胜券在握。

初六，进退，利武人之贞。

【白话】

初六，犹豫踌躇，像果敢的武人那样才会有好结果。

【提示】

优柔寡断的人要学得更为果断一些。

九二，巽在床下，用史巫纷若，吉，无咎。

【白话】

九二，伏在床下，用史、巫等人来纷纷祷告，不会有什么祸患。

【提示】

在尚未明辨天意之前，最好隐藏收敛。

九三，频巽，吝。

【白话】

皱着眉头顺从，有困难。

【提示】

顺从不可流于献媚取悦，表面很卑顺，而内心却非常痛苦，实当解脱。

六四，悔亡，田获三品。

【白话】

六四，悔恨消失，打猎时得到多种收获。

【提示】

顺服也是一种力量，可以以柔制刚。

九五，贞吉，悔亡，无不利，无初有终。先庚三日，后庚三日，吉。

【白话】

九五，占问吉利，悔恨会消失，做任何事情没有不顺利的；开始时也许不会太顺利，但最后一定会通达。庚日的前三天，庚日的后三天，吉祥。

【提示】

就算开始不顺利也不要紧，忍辱负重，最后会化险为夷。

上九，巽在床下，丧其资斧，贞凶。

【白话】

上九，伏在床下，丧失了钱财与资本，结果是凶险的。

【提示】

柔顺过头，就是卑躬屈膝了。

# 第五十八卦：兑卦

兑：亨，利贞。

【白话】

《兑》卦象征喜悦：亨通畅达，占问结果吉祥。

【提示】

与人相和，取得共赢。

初九，和兑，吉。

【白话】

初九，能以平和喜悦的态度待人，获得吉祥。

【提示】

与人为善，自己也得到好处。

九二，孚兑，吉，悔亡。

【白话】

九二，心中诚信与人和悦，吉祥；悔恨可以消失。

【提示】

以诚相待。

六三，来兑，凶。

【白话】

六三，前来寻求欣悦，有凶险。

【提示】

与人和善，但是不要取悦于人。

九四，商兑未宁，介疾有喜。

【白话】

商量而喜悦，还不能安定，祛除了疾病，就会有好事。

【提示】

心有嫌隙的时候要多沟通。

九五，孚于剥，有厉。

【白话】

九五，信任小人的巧言令色，必有危险。

【提示】

警惕阴险邪恶的小人。

上六，引兑。

【白话】

上六，引导别人一同欢悦。

【提示】

实现共赢。

# 第五十九卦：涣卦

涣：亨，王假有庙。利涉大川，利贞。

【白话】

《涣》卦象征涣散：顺畅亨通，贤明的君主去祠庙祭祀神灵，适宜渡过大川河流，占问结果是好的。

【提示】

顺天应人。

初六，用拯马壮，吉。

【白话】

初六，借助健壮的好马来弥补力量的不足，可以获得吉祥。

【提示】

大胆求助于强者。

九二，涣奔其机，悔亡。

【白话】

九二，处在涣散之时，要迅速脱离险境，悔恨便会消失。

【提示】

势微时要及时应变。

六三，涣其躬，无悔。

【白话】

六三，散流的水冲洗他的身子，但没有什么悔恨。

【提示】

有时候要有宁可自我损失的精神。

六四，涣其群，元吉。涣有丘，匪夷所思。

【白话】

六四，尽散朋党，有大的吉祥；同时，它又能化解小群而聚成山丘一般大的群体，这不是常人所能想到的。

【提示】

先散后聚，力量更大。

九五，涣汗其大号，涣王居，无咎。

【白话】

九五，像挥发身上的汗水一样发布重大的命令，散流的水冲洗王宫，无害。

【提示】

庄严果敢颁布命令，才可以整治涣散时世。

上九，涣其血，去逖出，无咎。

【白话】

上九，摆脱伤害，远远地避开它，不再接近它，不会有什么祸患。

【提示】

赶忙躲开灾祸。

# 第六十卦：节卦

节：亨。苦节，不可贞。

【白话】

《节》卦象征节制：节制可致亨通；但过分的节制也不可以的，应当持正、适中。

【提示】

适度调节，求得平衡。

初九，不出户庭，无咎。

【白话】

初九，不迈出庭院，没有危害。

【提示】

十分小心谨慎。

九二，不出门庭，凶。

【白话】

九二，因过分节制而不跨出门庭，会有凶险。

【提示】

过于谨慎就会裹足不前，这样也不好。

六三，不节若，则嗟若，无咎。

【白话】

六三，没有节制的样子，就会出现悲叹的样子，没有责难。

【提示】

有悔改的意思。

六四，安节，亨。

【白话】

六四，能安然实行节制，故而亨通。

【提示】

别人认为是一种束缚的节制，他却行之有序。

九五，甘节，吉，往有尚。

【白话】

九五，能适度节制从而让人感到美而适中，是吉祥的；前行一定会受到褒奖。

【提示】

有时候守节制反而能获得最大的自由。

上六，苦节，贞凶，悔亡。

【白话】

上六，因节制过分，则会感到苦涩；而且会发生凶险，如果能对过分节制感到懊悔，则凶险有可能消失。

【提示】

保持节制也有一个度的把握的问题，不能太过。

# 第六十一卦：中孚卦

中孚：豚鱼，吉。利涉大川，利贞。

【白话】

《中孚》卦象征诚信：猪与鱼出现，适宜涉越大河大川，占问结果是好的。

【提示】

诚信是立世之本。

初九，虞吉，有它不燕。

【白话】

初九，能安守诚信，可以获得吉祥，有其他状况，不安。

【提示】

诚则安，不诚则危。

九二，鸣鹤在阴，其子和之。我有好爵，吾与尔靡之。

【白话】

鹤在山的北面鸣叫，它的那些同类们一声声地应和着它；我有好的杯酒，我跟你共饮它。

【提示】

友好合作，愿意与人分享。

六三，得敌，或鼓或罢，或泣或歌。

【白话】

六三，面临强劲的敌人，或者敲起战鼓发动进攻，或者兵疲将乏而致败退，或因为惧怕敌人的反击而哭泣，或由于敌人不加侵害而高兴地歌唱。

【提示】

面对种种不利，表现比较犹豫。

六四，月几望，马匹亡，无咎。

【白话】

六四，过了月半，马匹丢失，不会有什么祸害。

【提示】

虽然面临的不是什么好事，但始终保持诚信，还是不会有大害的。

九五，有孚挛如，无咎。

【白话】

九五，具有诚信之德并以其牵系天下人心，所以没有祸患。

【提示】

诚信可广泛获得朋友。

上九，翰音登于天，贞凶。

【白话】

上九，鸡高高飞着，鸣叫声响彻天空，有可能出现凶险。

【提示】

失去平衡，不能长久。

# 第六十二卦：小过卦

小过：亨，利贞。可小事，不可大事。飞鸟遗之音，不宜上，宜下，大吉。

【白话】

《小过》卦象征小的错误：通顺。占问有利。可以去干一些小事，但不可去涉足一些大事；飞鸟留下悲鸣之时，不应该向上强飞，而应该向下栖息，如此，大为吉祥。

【提示】

防止过错发展到危险自身。

初六，飞鸟以凶。

【白话】

初六，飞鸟向上强飞将会出现凶险。

【提示】

自不量力会发生不测。

六二，过其祖，遇其妣。不及其君，遇其臣，无咎。

【白话】

六二，超过祖父，遇到祖母；没有赶上君王，遇到了臣子，没有祸患。

【提示】

明辨过与敛的区别。

九三，弗过防之，从或戕之，凶。

【白话】

九三，没有错误要防范他犯错误，如果放纵他，或许害了他。

【提示】

防患于未然。

有错要立马改正。

九四，无咎，弗过遇之；往厉必戒，勿用，永贞。

【白话】

九四，没有祸患，不过分恃强恃刚就能遇到阴柔；但是主动迎合阴柔会有凶险，因此，务必心存戒惕，不能去施展才用，要永远守中正之道。

【提示】

贸然前进、不知停止的话会招来祸患。

不可过分。

六五，密云不雨，自我西郊；公弋取彼在穴。

【白话】

六五，乌云密布在天空而不下雨，这些云从我西边的郊野飘过来；王公们用细绳系在箭上射取那些藏在穴中的野兽。

【提示】

恩泽一时无法降到身上。

上六，弗遇过之；飞鸟离之，凶，是谓灾眚。

【白话】

上六，没有相遇，就过去了，飞鸟陷入罗网，凶险，这就叫作灾殃祸患。

【提示】

过了头，什么都得不到。

# 第六十三卦：既济卦

既济：亨小，利贞；初吉终乱。

【白话】

《既济》卦象征成功：小通顺，占问结果有利。开始时是好的，但是最后结果不妙。

【提示】

保持成果，不可虎头蛇尾。

初九，曳其轮，濡其尾，无咎。

【白话】

初九，拉住车的轮子，（难以前行），打湿尾巴，（难以过河），没有灾祸。

【提示】

暂时不要有所作为，反而能够避免灾祸。

六二，妇丧其茀，勿逐，七日得。

【白话】

六二，妇人丢失了头巾，不用去寻找，过不了七天就会物归原处。

【提示】

只要始终保持中正之道，事情总会向好的方面发展的。

九三，高宗伐鬼方，三年克之，小人勿用。

【白话】

九三，殷高宗武丁征伐地处西北的鬼方国，经过三年的连续战斗才获得胜利；不可任用小人。

【提示】

壮大事业是艰苦的，要警惕小人。

六四，繻有衣袽，终日戒。

【白话】

六四，渡河的时候，为了防止船漏水，事先要准备破布棉絮，而且整天保持戒备，以防止发生灾祸。

【提示】

建立事业之后始终不能掉以轻心。

九五，东邻杀牛，不如西郊之禴祭，实受其福。

【白话】

九五，东边邻国杀牛羊来举行盛大祭礼，不如西边的邻国举行简单而朴素的祭祀，这样才能实在地得到神降赐的福分。

【提示】

不在形式，心诚则灵。

上六，濡其首，厉。

【白话】

上六，头打湿了，有危险。

【提示】

地位不稳，不能持久。

# 第六十四卦：未济卦

未济：亨。小狐汔济，濡其尾，无攸利。

【白话】

《未济》卦象征事未完成：通顺；小狐狸渡河快到对岸了，却浸湿了尾巴，则没有什么吉利。

【提示】

胜利在望，可能来不及。

初六，濡其尾，吝。

【白话】

初六，小狐狸渡河时被水浸湿了尾巴，会有麻烦。

【提示】

事业未成，冒进，会带来冒犯。

九二，曳其轮，贞吉。

【白话】

九二，向后拖拉车轮，使车不快进，占问吉祥。

【提示】

深谋远虑，不急于行动。

六三，未济，征凶，利涉大川。

【白话】

六三，事情未完成，急躁冒进去远行，有凶险，但适宜渡过大河急流。

【提示】

先保全自己再谋其他。

九四，贞吉，悔亡；震用伐鬼方，三年，有赏于大国。

【白话】

九四，占问吉利，悔恨会消失；以雷霆万钧之势征讨鬼方国，经过三年的激烈战斗终于得到了胜利，受到大国封赏。

【提示】

坚持不懈，成就事业。

六五，贞吉，无悔；君子之光，有孚吉。

【白话】

六五，占问吉利，没有什么悔恨；这是君子所具有的美德的光辉，有诚实守信的德行可以获得吉祥。

【提示】

要成就事业必须依靠中正、诚信。

上九，有孚于饮酒，无咎；濡其首，有孚失是。

【白话】

上九，有诚信而饮酒，没有什么灾祸；酗酒连头都浇湿了，虽然有诚信，但失去了正确的方向。

【提示】

不可不知道节制。